古《いにしえ》の武術に学ぶ無意識のちから

広大な潜在能力の世界にアクセスする〝フロー〟への入り口

甲野善紀
前野隆司

ワニ・プラス

はじめに

わたしは達人に興味がある。達人とお会いすると萌える。

それには学術的な背景がある。わたしはウェルビーイング（良き在り方、幸せ、健康、福利・福祉）についての研究をおこなっているが、世界中のウェルビーイング研究の結果を簡単に述べると、ようするに「幸せな人は性格のいい人」なのである。わたしのグループの調査によると、

❖エネルギッシュ力＝外向性・積極性
❖フレンドリー力＝協調性・利他性
❖まじめ力＝勤勉性・誠実性・粘り強さ
❖情緒安定力＝情緒安定性（⇅神経症傾向）
❖おもしろがり力＝知性・開放性・知的好奇心

が、高い人が幸せな人である。この5つは、ビッグファイブといわれる、よく知られた性格の因子である。

では、究極に幸せな人とは、どんな人か。

達人である。

ものすごく幸せな人とは、幸せの条件を高度に満たした人だと思うのである。いや、思うだけではない。わたしはウェルビーイングの研究者として、武道や茶道や華道の達人、名経営者、人格者、有名人、おもしろい人、いい人、などなど、さまざまな個性的な方にお会いしてきたが、やはり、達人は幸せそうであった。

のほほんと幸せにしているというわけではない。積極的で、粘り強く、知的好奇心に溢れ、ようするにビッグファイブの多くを高いレベルで満たしている方々である。いい換えれば、わたしが明らかにした幸せの4つの因子（やってみよう、ありがとう、なんとかなる、ありのままに）を、凛として満たしている方々である。圧倒されるような人物である。

どうやら、現代日本において、達人は、昔よりも減っているようである。それは、近代西洋型の合理主義の結果、古き良きもの、本質的に人間にとって大切なことが、失われつつあるからなのではないだろうか。危機である。

わたしたちは、古き素晴らしきものを、忘れ去らずに、掘り起こしていくべきなのではないか。

そんな問題意識のもと、ワニ・プラス刊の「無意識シリーズ」の一環として武術研究家の甲野善紀先生との対談が実現したことは、わたしにとってこのうえない幸運であった。

本書をお読みいただくとわかるように、古武術とは、過去と現在をつなぎ合わせるための貴重な糸口である。甲野先生の信条は、「運命は完璧に決まっていて、同時に完璧に自由である」。この矛盾に満ちた主題を基軸に、甲野先生とわたしの無意識が呼応し合った。初めから終わりまで、ワクワクし続けた対談だった。

甲野先生の信条が、いわば縦糸である。ここに、古武術を中心としたさまざまな話題が横糸として織り込まれた。そして、縦糸の美しさを生かしたみごとな布地を織り上げることができた。そんな、感慨もひとしおの書である。読者のみなさんにも、布の文様が次第に姿を現すさまをご堪能いただければ幸いである。

本書のなかで、多様な形で論じられるように、古武術はアナロジー（類似性）に満ちている。ヒントに満ちている。つまり、俯瞰《ふかん》的に読めば、あらゆる分野において参考にすることのできる書になったと思う。
本書に出てくる対比のアナロジーを以下に列挙してみよう。本書の横糸のダイジェスト版である。

❖古武術と、現代武術・スポーツ
❖生きて死ぬための武術と、勝つためのスポーツ
❖死と向き合うことと、死をタブー視すること
❖新しい道を探求することと、常識にとらわれること
❖科学でまだ解明されていないことと、解明されたと考えられていること
❖一部の人だけにできることと、誰にでもできて普遍性のあること
❖技は盗むという学び方と、反復練習による学び方
❖自ら考えて高みに到達する学びと、型にはまった学び
❖努力させない教え方と、努力させる教え方
❖学び続けることと、学ばなくなること
❖変え続けることと、変えられなくなること

❖無意識に委ねることと、意識で考えすぎること
❖操った気になっていることと、操っていると思うこと
❖「やろう」としないでやることと、「やろう」としてやること
❖生態系の多様性を維持する自然農法と、作物の生育を最適化する現代型農業
❖自然林のようなティール組織と、軍隊のようなピラミッド型・命令型組織
❖ホリスティック（全体的）な古来東洋型と、分析・分割・分断に向かう近代西洋型
❖人類を代表するひとりとして生きることと、ただの個人として生きること
❖信じきれないことと、信じること
❖納得して生きることと、流されて生きること

もちろん、これらはたんなる対比ではない。本書で述べられるように、その両者を包み込んで飲み込むことが矛盾包含型世界観につながるというべきであろう。「運命は完璧に決まっていて、同時に完璧に自由」なのである。やはり達人との対話はすばらしい。みなさんも、二度とない人生をお楽しみください。本書がその一助となれば、望外の幸せです。

前野隆司

２０１９年７月

目次

第3章　わたしたちは「人間」をまだ知らない……083

第1章
古武術と無意識、そして運命

運命は完璧に決まっていて、同時に完璧に自由である

前野隆司（以下、前野）　今回は「古武術と無意識」というテーマでお話をうかがいます。ぶっちゃけていいますと、わたしはもともと体育が苦手で、長い間、自分の身体にはほとんど関心をもっていませんでした。
　甲野先生はおもに身体のことを研究なさっていますが、そのご発言は心と身体の関係、意識と無意識の関係、さらには心と身体と社会がどうつながっていくかといったところにまで及びます。わたしの興味はそういうところにあります。武術は本当に素人なので、わかりやすい例を挙げていただきながら、その関係を教えていただければと思っています。

甲野善紀（以下、甲野）　こちらこそよろしくお願いします。

前野　さっそくなのですが、先生のご著書『表の体育　裏の体育　日本の近代化と古の伝承の間《はざま》に生まれた身体観・鍛錬法』（ＰＨＰ文庫）を読んでいて、とても感銘を受けた一節があったんです。
「運命は完璧に決まっていて、同時に完璧に自由である」
　これは、わたしの考えに非常に近いものがあります。まずは、この言葉のことを教えていただけませんか？

甲野　それは、わたしが21歳のときの気づきで、武術を志したきっかけでもあるのです。

21歳の3月初旬、たしか3月8日だったと思います。

前野　21歳！　そして日にちまで覚えているんですか。

甲野　ええ、この確信がわたしの人生のテーマであり、今もずっとそれを追いかけているわけですから。もちろん確信に至るまでずっとこのテーマを考えに考えて煮詰めていた期間はあるわけですが。

前野　そうなんですか。わたしも、心について「本当はないけど、ある」みたいなことをいっているんです。「受動意識仮説」[1]といいまして、意識の上に浮かび上がってくる自由意志や感情やひらめきといったものは、すべて幻想のようなものであると考えています。だから、この一節はわかる気がするのです。ただし、普通に読むと「運命が完璧に決まっている」と「完璧に自由である」というのは、正反対にも聞こえますよね。これをわかりやすく説明することはできますか？

甲野　わかりやすく説明することは、もちろんできません（笑）。

前野　ははは（笑）。

甲野　矛盾していますから。でも、矛盾している構造こそが大切だ

1 ― **受動意識仮説**　著者の前野隆司が2002年に発表した、人間の意識と無意識に関する学説。すべての意志決定は意識する以前、いわば無意識下でおこなわれていて、意識は受動的に過去になされた意志決定を合理的なものとしてエピソード記憶する役割しかもっていないのではないか、とする仮説。

と思っているんです。わたしがそんなふうに確信した背景にあるのは、『無門関《むもんかん》』という、無門慧開[2]が編んだ有名な禅の公案集です。

前野　禅ですか。

甲野　ええ。四十八則ある公案の第二則「百丈野狐《ひゃくじょうやこ》」。百丈和尚が法話をしていると、門下に混じって、いつも1人の老人が聞きに来るようになった。終わるといなくなる。ところがその日は、立ち去らずに残っていた。「あなたは誰だ」と百丈和尚が問うと老人は「じつはわたしは今は人ではなく野狐です。昔はこの山に住んでいた住職だったのですが」という。

　当時のある日、修行者がやって来て「本当に深く修行をすれば因果の法則を超えられるか」と聞かれたことを語ります。老人は「不《ふ》落因果《らくいんが》」つまり「本当に修行すれば因果の法則は超えることができる」と答えたことを打ち明けます。ところがこの答えが間違っていたため、その後、何度生まれ変わっても狐から脱することができないことを訴えます。そして「どうか、わたしの迷いを覚ましていただきたい」。そういって、昔、修行者に聞かれた問いと同じ「大修《だいしゅ》

2―**無門慧開**（むもん えかい／１１８３〜１２６０年）中国南宋時代の臨済宗僧。杭州（浙江省）の人。１２４６（淳祐６）年勅命により杭州に護国仁王寺を開いた。日本から、のちに普化宗を開いた心地覚心が入宋して教えを受けた。諡《おくりな》は仏眼《ぶつげん》禅師。

行底《ぎょうてい》の人、還って因果に落つるや也《ま》た無や」を百丈和尚に問いかけたのです。これに対して百丈和尚が「不昧因果《ふまいいんが》」、つまり「因果の法則を昧《くら》まし消すことはできない」と答えると、老人はその言葉で迷いがさめ、晴ればれとした顔をして「これで野狐の身から脱することができました」と礼をいい「出家僧を送る葬式を出していただきたい」といい残して姿を消しました。そこで百丈和尚が門下の僧たちを連れて裏山に行くと野狐の死体があったので、それを丁重に火葬し、僧侶を送る形式で葬式をおこなったという話です。

この百丈和尚の話を『無門関』の著者である無門慧開和尚は「不落不昧 両采一賽《りょうさいいっさい》 不昧不落 千錯萬錯《せんしゃくばんしゃく》」と解説しています。因果に落ちないのも、因果を昧《くら》まし消すことができないのも、ちょうど丁半の賽の目が同時に出たようなもので、どんな解釈をしても全部間違っているという意味です。つまり、矛盾している状態が、まさに同時に成り立っていると説いているのだと思います。

前野　ふうむ。

甲野　実話ではなく、創作がかなり入っていると思います。けれども大事なのは「本当に修行した人は、因果の法則を超えられるのか」というところ。因果を超えられるか、超えられないかというこの問いが、わたしは「運命は決まっているのか、どうなのか」という問題に重なって感じられたのです。

前野　はい。

甲野　たとえば、ものすごく悲惨なことや怖い出来事があると、人間は動揺し、いたたまれない気持ちになってしまいます。これをなんとかしたいと思ったのです。何しろこの運命の問題に納得がいけば、どういうときでもブレずにいられるでしょう。

前野　ああ、なるほど。

甲野　このテーマは多くの宗教にとっても、非常に重要な問題です。でも、それだけに取り扱いが難しい。わたしもいろいろ調べてみたのですが、新宗教の多くが予言などの形で「運命は決まっている」としながら、同時に「しかしあなたの努力次第で、運命は変えられます」と答えています。でも、変えられるのなら「運命」じゃないですよね。「宿命は変えられないが、運命は変えられる」といういい方もありますが、これは言葉に対する見解の問題です。それに「努力」というのも漠然としていて、よくわからない。その努力をする動機はどこから来るのか、変えられる運命と変えられない運命の違いは誰が決めるのか。すごくあいまいで、そういうことをいう人は「ツメが甘い」と思ったんです。

前野　たしかに。その感覚はわかる気がします。

甲野　古くからある宗教、たとえば聖書にはこんなエピソードがあります。キリストが処刑される直前の最後の晩餐で、ペテロ[3]は「生きるも死ぬも先生と一緒です。わたしは先生についていきます」と自分の決心を師に告げました。ペテロは、弟子のなかでも塾頭格の存在でした。その彼に対し、キリストは「お前はニワトリが二度鳴く前に、三度わたしのことを『知らない』というだろう」といったのです。

前野　これから弟子の身に起こる運命を伝えたのですね。

甲野　はい。「今はそう思っているのだろうけれど、お前はそうしないよ」といったわけです。諭すようにやさしくいったわけではなく、きっと冷然といい切ったのではないかとわたしは思います。そういわれてペテロは心外な思いがしたことでしょう。ですが、いざキリストが捕らえられ、ひどい仕打ちを受けるのを目撃すると、ペテロはすっかりおびえてしまいました。

前野　ええ。

甲野　まわりの人に「あなたは、今捕まっている人の仲間だったのではないですか？」と聞かれて「知りません」と答え、あわてて逃げ出すわけです。そして、その逃げた先でも同じように聞かれて、そこでも「知らない」と否定してまた逃げ、3回目に「知らない」と、

3—ペテロ　（生没年不詳）新約聖書に登場する人物で、ガリラヤの漁師であったがイエスに選ばれ最初の弟子となる。イエスの死後、エルサレム教会の基礎をつくることに尽力した。十二弟子の筆頭とされ、すべてのキリスト教諸教派において聖人とされるほか、カトリック教会では初代のローマ教皇とみなしている。

師であるキリストとの関係を否定した直後にニワトリがけたたましく二度鳴いたのです。そのときに初めて、師匠にいわれたとおりになったことに気づいて、ペテロは激しく泣いたといいます。

前野　はい。

甲野　当初ペテロは決して師を裏切ろうとしたわけではないでしょう。けれど、結果的には裏切ってしまったという逸話です。聖書の編纂者はどういう意図でこの逸話を入れたのか。あらためて考えてみると、なかなか謎ですよね。もちろんキリスト教関係の方々はさまざまな解釈をしておられます。わたしもいろいろな人に聞きました。たとえばペテロの増長を戒めた、という解釈があったりしました。けれど、それらの解釈はなんとか辻褄を合わせただけのような気がして、わたしにはどうも納得できないんです。それよりもシンプルに「ペテロよ、お前の運命は決まっているのだ」ということをいっているのだと思うんです。もちろん、その辛さをペテロに体験させ、人間の決心のいい加減さを気づかせて、さらに深い信仰に導くということだとは思いますが。

4―光量子仮説　１９０５年にアインシュタインが提唱した光を粒子とする仮説。アインシュタインはプランクの量子仮説にヒントを得て、光のエネルギーＥをプランク定数ｈ、振動数νを用いてＥ＝ｈνと表した。光量子仮説によると、強い光は光量子のエネルギーが高いのではなく、光量子の数が多いとする。光量子説。光量子論ともいう。

前野　なるほど。そのほうがすっきりしますね。

甲野　「運命は決まっている」。しかし同時にわたしは「運命は自由だ」という確信もあったんです。その根拠のひとつが、アインシュタインの「光量子仮説」[4]です。物理学において、光はずっと粒子だと思われていたのが、19世紀になって波であることがわかった。ところが、その後、あらためて粒子としての性質が確認されます。どちらなんだろう。みんなが困っていたところに、アインシュタインは「光は波であり、同時に粒子でもある」という考え方を提唱しました。異なるものが同時にある、という新しい概念でした。わたしは「ああ！人間の運命もそういうものだ」と思ったんです。「紙の片面には、全部予定表が書いてあって、ぎっちり決まっている。でも裏面は真っ白」というようなイメージです。

前野　ははは。

甲野　運命は変えられない。どうしようもない。でも、同時に人間には「自由である」という実感もある。ですから、「それはそれで事実だろう」と。両方を突き合わせれば矛盾しますが、それが、この世界の構造に違いない。21歳のときに、どうしようもないほど、そう強く確信してしまったんです。

前野　それが21歳の3月ですか。早熟ですね。

甲野　19歳の夏から、ずっと「人間にとっての自然とは何か」を考え続けていましたからね。その結果、この結論に至ったというわけなのです。「この確信は生涯変わらないだろう」と思いました。それで、何かの宗教を信仰するのではなく、一から自分で「運命は決まっていると同時に自由」という問題に取り組んでいこうと決めました。この確信さえあれば、さきほども申しましたが、この先、自分がどんな障害に直面しようと、災害に遭おうと、何が来ても大丈夫と思ったからです。

古の武術研究の世界へ

前野　その問題に向き合う方法はいろいろとあると思います。わたしの場合は脳神経科学や心の哲学、幸福学からアプローチしました。甲野先生の場合はそうではなく、武術を通じて向き合っておられる。あまたある選択肢のなかから古武術を選ばれたのはなぜですか？

甲野　もともと武術関係には興味があって、そういう文献を読んでいたということもあります。でも、いちばんの理由は、武術にはある種の「切実さ」があるからです。武術においては、相手が何か攻撃しようと迫ってきたとき、こちらが何もしなければ、相手に投げ飛ばされたり、打たれたり、突かれたりします。ケガもするし、ときには命にも関わる。運命は完璧に決まっているとしても、痛かったり、怖かったりすれば、なんとかしようとするでしょう。そういう切実な場面で、自分がどうするか、どう思うかを見きわめ、そのことを深く検討していけば、運命が定まっていることと、自由である、ということの同時存在を体感を通じて確信できる手がかりが見つけられるんじゃないかと思ったんです。何しろ21歳の3月のときの確信は、あくまでも自分の頭のなかでの確信でしたから。

前野　それでこの道に入られた。

甲野　そうです。たとえば、江戸時代以前の武術の本を読んでいると「夢想剣」[5]などという言葉が出てきます。「我ならざる我」、つまり、自分ではない、もう1人の自分が剣を振るっている。いろいろな解釈がありますが、もしかしたら、ここに、この課題の本質があるかもしれない、なんていう気もしてくる。武術は、追究していくと、そういうものが立ち現れてくる世界なのです。わたしが、そういう世界を追究していってどこまで行けるかわかりません。が、せめてその手がかりぐらいは一生のうちに摑みたい。そう考えて、まずは合気道を始めました。

前野　おお。

甲野　でも、これは上手くいきませんでした。稽古を重ねていくほ

5｜**夢想剣**　戦国時代から江戸初期にかけての剣客で一刀流剣術の祖、伊藤一刀斎（いとう　いっとうさい／生没年不詳）が鶴岡八幡宮に参籠して無意識のうちに敵を斬り、悟りを得た剣技といわれる。

どに疑問が大きくなってしまったんです。合気道の開祖である植芝[6]盛平という人はもちろんすごい方だったのですが、わたしが稽古を始めたころには、もうすでに鬼籍に入られていました。遺《のこ》された稽古法を何年繰り返しても動きの質が変わる実感がどうしても得られなかったのです。それで、このままでは埒《らち》が明かないと思い、ちょうど縁ができた鹿島神流[7]の剣術を学ぶことにしました。この流儀は、合気道の植芝開祖に、何度も立ち合いを申し込んだけれども植芝開祖は、この申し入れを受けなかったといわれる國井善弥道之[8]鹿島神流第十八代師範が世に出した剣術を中心とした武術です。この國井師範は、不世出の横綱といわれた双葉山を直接指導したことでも知られています。わたしはこの鹿島神流も学んだのですが、思いがけないことが起こって、結局、自分で探究していこうと決めたんです。

前野　おいくつのときですか？

甲野　29歳のときです。自分で本当に納得のいく武術を研究しようと独立しました。もちろん金はないし、コネもない。あるのは時間と情熱だけ（笑）。そんな状態で、どうしてこんな決心ができたの

6―**植芝盛平**　（うえしば もりへい／１８８３〜１９６９年）合気道の開祖。身長１５６㎝と小柄ながら大相撲力士を投げ飛ばすなど数々の武勇伝で知られる。戦時中は陸軍憲兵学校・海軍大学校などで武術指導をおこない、１９４８年「合気会」を設立。「不世出の達人」と呼ばれ、老境に至っても神技を披露した。

7―**鹿島神流**　剣術と柔術を中心に、抜刀術、薙刀術、懐剣術、杖術、槍術、棒術などもおこなう総合武術。

8―**國井善弥道之**　（くにい ぜんや みちゆき／１８９４〜１９６６年）鹿島神流第十八代宗家。幾多の他流試合を受けながら生涯不敗であった。その圧倒的な強さから、「今武蔵」（＝昭和の宮本武蔵）という異名で呼ばれた。

か、今思い返すと自分でも不思議です。でも、なぜか不安はまったくありませんでした。ただ「必ずいける」という確信はあったんです。根拠はまったくないのですが、直観的な確信だけはあった。

前野　ほお。

甲野　以来約40年経ちます。こうしてやって来られたいちばんの理由は、ただならぬ出会いに恵まれるという運の良さがあったからだと思います。

前野　運も実力のうちといいますよ。

甲野　ええ、そういう言葉もありますね。しかし、やはり自分の力とは、とても思えません。とにかく、出会い運の良さだけは、ただならぬものがあったとつくづく思うのです。黒田鉄山[9]師範や光岡英稔[10]師範といった武術的に優れた方たちとの出会いにも恵まれましたが、こうして世に出るうえでいちばん大きかったのは、養老孟司[11]先生と出会ったことでした。

前野　そうなんですか。

甲野　いちばん最初にお会いしたのは、わたしが独立して武術の研

9｜**黒田鉄山**　（くろだ てつざん／1950年〜）第15代振武舘宗家。祖父や父から家伝の古武道5流派（柔術、剣術、居合術、棒術、殺活術）を学び、伝承している。

10｜**光岡英稔**　（みつおか ひでとし／1972年〜）。武術・武学研究家。日本韓氏意拳学会代表および国際武学研究会代表。日本における韓氏意拳に関わる指導・会運営の一切を任されている。

11｜**養老孟司**　（ようろう たけし／1937年〜）医学博士、解剖学者。東京大学名誉教授。1989年、『からだの見方』でサントリー学芸賞を受賞。『バカの壁』『養老訓』など著作多数。「身体の喪失」から来る社会の変化について思索を続けている。

究を始めて12年くらい経った、1990年の9月末で、養老先生はまだ東京大学におられました。30年近く前になりますね。

前野　ずいぶん前ですね。どんなふうに関わられたのですか？

甲野　まだ若かったわたしの研究を、どういうわけか、たいへん高く評価してくださったのです。最初にいただいたお手紙は、いまも大切にもっています。「武道について、初めて目の覚める思いをいたしました。これを知らずに過ごしていたとは、不覚の一語に尽きるようです」というような内容が墨でしたためられた、たいへん丁寧なものです。

前野　ほお。

甲野　最初にお会いしたとき、養老先生は40分ほど遅刻してこられたんです。「遅れて、すみません」とおっしゃっていただいたのですが、わたしはまったく気にしていませんでした。「座って待っているあいだも、自分の身体を観察していれば退屈することはありません。いつでも、どこでも稽古はできますから」とお答えしたことが強く印象に残ったと、あとでお聞きしました。

前野　なるほど。

甲野　そのご縁で『古武術の発見―日本人にとって「身体」とは何か』（光文社）という本を共著で出させていただいたんです。その後『自分の頭と身体で考える』をやはり共著でPHP研究所から1冊、それ以外にも、本を構成する1パートとして養老先生との対談を収録していただいたものが3冊くらい出ました。また、エッセイでわたしのことを書いてくださったりもしました。朝日新聞やNHKのような大手メディアが、わたしのところに取材に来るようになったのは、間違いなく養老先生のおかげです。養老先生には社会的な意味でのわたしの身元保証人になっていただいたわけです。

前野　そんな経緯があったんですか。

運命のような出会いの連鎖

甲野　ただあらためて考えてみると、養老先生との出会いは思いがけない人からつながった、じつに不思議な縁に導かれたようなものだったと思います。わたしに大きな影響を与えたおもな方々との出会いは、ほとんどが誰かに紹介してもらったというわけではなくて、いきなり天から降ってきたような感じなんです。まるでしりとりみたいに、ある人と会って、その縁で出かけたところで、またある人に会って、という感じで、振り返ってみればすべて決まっていたシナリオに沿っていたかのようにつながっています。

前野　まさしく「運命」を感じるんですね。

甲野　そうです。養老先生のような社会的に有名な方や、優れた武術家の方だけでなく、会った当時は無名だった人が、その後世に出るということも、少なからずありました。たとえば、最近『数学の贈り物』（ミシマ社）という本を出した独立研究者の森田真生[12]さんと最初に会ったのは、彼が中学2年から3年になる春休みのときです。去年文庫になった彼の著書『数学する身体』（新潮文庫）は、ある書店の年間売上げランキング1位になったそうです。

前野　すごいですね。それにしても、森田さんが中学生のころに知り合われたんですか？

甲野　ええ。彼が所属していた桐朋学園のバスケットボール部の指導に行ったのが最初です。当時中学生だった森田さんは、中学に入るとき「これからの人生をいかに生きるべきか」を真剣に考えるために図書室に通って、そういう本を探したそうです。

前野　ほお。

甲野　けれど、彼が求めているような本はまったくなかった。それで、「何のために生きるのか、決着がつかないままに大人は平気な顔をして生きていたのか」とショックを受けたそうです。その後、

12―**森田真生**（もりた まさお／１９８５年〜）数学をテーマとした著作・講演活動などをおこなう「独立研究者」。２００４年に東京大学文化二類に入学後、工学部を経て理学部数学科に学士入学。卒業後、在野で研究活動をする傍ら、「数学の演奏会」などのライブ活動を全国でおこなっている。２０１６年、初の単著『数学する身体』で第15回小林秀雄賞を受賞。

13―**岡潔**（おか きよし／１９０１〜１９７８年）数学者。奈良女子大学名誉教授。理学博士。１９２５年京都帝国大学卒業と同時に同大学講師に就任、助教授就任後、３年間フランスに留学し、生涯の研究テーマである多変数複素関数論に出会う。湯川秀樹、朝永振一郎らも岡の講義に多大な影響を受けた。

東京大学に進んでから数学者の岡潔[13]奈良女子大学名誉教授の本と出会い、数学に志《こころざ》します。現在は「独立研究者」として活動していますが、現在の日本で、どこの組織にも所属しない独立研究者として、数学を研究することをメインとして仕事をしているのは、おそらく彼ぐらいでしょう。

前野　それはすごい。

甲野　彼は「人の中心は、情緒である」と喝破したこの人物に、多大な影響を受け、数学を志したわけです。そして現在、わたしは武術ですが、森田さんは数学を通じて「人間はいかに生きるべきか」を探求しているというわけです。彼とは「この日の学校」というトークセミナーを現在もときどき京都や東京で開催しています。

前野　たしかに運命を感じるような出会いですね。

甲野　本当に。彼は小学生に教えるのも巧みで、たとえば算数の問題として「あなたの知っているこの世でいちばん奇妙な生き物は何ですか」とか「あなたの知っているいちばん遠いところはどこですか」などと聞くんです。そうした意表を突くような問いかけから、じつに巧みに数学の話にしていく。「数学なんて大嫌い」「興味がない」といっていた人も、みな引きこまれて、彼の話を聞いたあとは異口同音に「中学のころ、こんな数学の先生に出会っていたら、絶対数学嫌いにならなかった」といいます。

前野　それは興味深い。聞いてみたいな。甲野先生は、ほかにもいろいろな方と出会われていますね。

甲野　テレビなどでも活躍している精神科医の名越康文[14]名越クリニック院長に最初に出会ったのも、1993年ごろのことです。名越院長には「自分がこんなにテレビに出たりするようになったのは、全部甲野先生に会ってしまったことがきっかけです」と、感謝されているのか恨まれているのかわからないことを、よくいわれます（笑）。

元プロ野球選手の桑田真澄さんとの出会いは、わたしの名前が社会的に大きく知られるきっかけになりました。その理由は彼が読売ジャイアンツの投手だった2000年ごろで、引退までささやかれていたところから復活を遂げ、自身15年ぶりの最優秀防御率（2002年シーズン。防御率2・22）を獲得したからです。その桑田さんがわたしのところで投球法を変えたことが大きく報じられて、スポーツ新聞などにも取り上げられました。

前野　古武術の身体のつかい方が、現代スポーツにも生かせること

14―**名越康文**　（なこし やすふみ／1960年～）精神科医、評論家。相愛大学、高野山大学客員教授。臨床に携わる一方で、テレビ番組のコメンテーター、雑誌連載、映画評論など多方面で活動する。

15―**平野早矢香**　（ひらの さやか／1985年～）全日本卓球・女子シングルスで歴代3位タイの5度優勝。世界ランキング最高位は10位。2016年の引退後は解説者やコーチを務める。

16―**小磯典子**　（こいそ のりこ／1974年～）ジャパンエナジー、アイシンに所属。アトランタ五輪に出場し日本の7位入賞に貢献。2010年の引退後は後進の育成にあたっている。

17―**島村智博**　（しまむら としひろ／1984年～）警視庁所属。種目はサーブル。2016年まで全日本選手権4連覇。日本ランキング2位（本書刊行時点）。

を実証されたということですか。

甲野 そういう感じで、さまざまな新聞や雑誌、テレビでかなり大きく報道されました。スポーツでは、その後も、ロンドン五輪で銀メダルを獲った、卓球の平野早矢香選手[15]、バスケットボールの小磯典子[16]（旧姓・濱口）選手といった人たちも指導しました。まだ成果が出るかわかりませんが、最近では、フェンシングの島村智博選手[17]の指導もしました。

前野 スポーツ以外はいかがですか？

甲野 まったく考えてもいなかったことですが、音楽家の方々の指導にも関わるようになりました。これはフルート奏者の白川真理さんがわたしのところに来られたのがきっかけです。あとは15年前に、わたしのところに学びに来られたことがきっかけで、現在は「古武術介護」というジャンルを確立し、海外にまで指導に出かけている岡田慎一郎さんとの縁から、わたしのことが介護や消防の世界にも知られるようになりました。

また新旧いろいろな宗教の方々とも縁ができました。先日は、大阪にある浄土真宗本願寺派の僧侶・釈徹宗[18]相愛大学教授の私塾・練心庵《れんしんあん》に行ってきました。NHKの番組「100分de名著」で『維摩経』[19]や『歎異抄』[20]といった仏教をテーマにするときにゲスト講師を務めておられる方なので、ご存知の人も多いと思います。来月は福岡の糸島で、前野先生とお目にかかるきっかけとなった「道の学校」[21]の講師にわたしを推薦してくださった曹洞宗の藤田一照[22]元曹洞宗国際センター所長ともトークをさせていただきます。

前野　藤田さんですか。あの方はおもしろい。

甲野　前野先生も多くの方と縁を結ばれて、いろいろな活動をなさっておられますよね。

前野　ええ。わたしもいろんな方々と交流させていただいています。

甲野　わたしもそんな感じで、人の縁に恵まれてきました。そのおかげで、わたし自身も活動の場が広がっていますし、またわたしと出会った人たちも活躍できています。ただならぬ運の良さがわたしにはある、としかいいようがありません。ちなみに養老先生とは、毎年先生が十数名の方々を招いておこなわれている新年会に、当初忘年会として始まった十数年前から今も呼んでいただいています。広島市こども文化科学館で数年前に養老先生とご一緒して講演をしたのも、先生に呼んでいただいてのことです。まさに大恩人です。

前野　そうなんですね。ご縁ですね。

18―**釈徹宗**（しゃくてっしゅう／1961年〜）宗教学者・僧。浄土真宗本願寺派如来寺住職、相愛大学人文学部教授。2017年、『落語に花咲く仏教―宗教と芸能は共振する―』で第5回河合隼雄学芸賞受賞ほか著作多数。

19―**維摩経**（ゆいまきょう）初期大乗仏教経典の一つ。別名『不可思議解脱経』。日本でも古くから、多数の注釈書がある。

20―**歎異抄**（たんにしょう）鎌倉時代後期に書かれた日本の仏教書。親鸞に師事した唯円が作者とされる。

21―**道の学校**（みちのがっこう）慶應SDMヒューマンラボが主催する、東洋と西洋のスポーツ、武道、芸術、思想・宗教などに関わるゲストを迎えてのワークショップ。前野隆司と稲葉俊郎（東大病院）、針谷和昌（SDM研究所研究員）の3名がファシリテーターを務める。

甲野　こんな調子で、これまでさまざまな方にお会いしたり、いろいろな場所で話をさせていただいてきましたが、そのなかで、他に例がないほど熱心な、まさに熱心さのレベルが違ったのは、松下（現・パナソニック）や日立、ホンダといったメーカーの課長クラスの研究者たちを集めた勉強会でした。十数人規模の小さな集まりだったのですが、このときの熱意は本当にすごかった。みなさん本当に真剣で、食い入るように話を聞いてくださるんです。

前野　どうしてそんなに熱心なのですか？

甲野　シビアな開発競争の世界に身を置いている方々だからだと思います。みなさん、ささいなアイデアに気づくことで大きな差が出る世界で、日々しのぎを削っているからでしょう。わたしも失われてしまった、かつての武術の技の研究のために、世の中の森羅万象からヒントを得ようとしている者ですから、それだけに、一言も聞き逃すまいという情熱がひしひしと伝わってきました。

前野　具体的にはどんなことをお話しするのですか？

あらゆる事象が技のヒントになる

22―藤田一照（ふじた いっしょう／1954年～）元曹洞宗国際センター所長。33歳で渡米、以来17年半にわたってマサチューセッツ州ヴァレー禅堂で坐禅を指導する。帰国後もFacebookほか米大企業で坐禅を教えている。『現代坐禅講義―只管打坐への道―』ほか著作多数。

甲野　たとえば、わたしたちが今、座っている椅子や、目の前にある机の脚には自由に方向を変えられるキャスター（自在式の車輪）が付いていますよね。これが付くようになったのは、いつごろからかご存知ですか？

前野　知りません。でもあらためて考えてみると、昔は付いていないない椅子や机が多かった気がします。もしかして意外と新しいものなのですか？

甲野　このキャスター自体はかなり以前からあったんです。でも当初はグランドピアノや外国製の高級スーツケースぐらいで、用途はかなり限られていました。これが現在のように一般化したのは、おそらく阪神・淡路大震災以降のようです。

前野　そうなんですか！

甲野　わたしも常に技のヒントを探しているなかで、あるときふと「キャスターっていうものはすごく便利だな」と気づいたんです。自由に方向を変えられるタイプのキャスターは、ようするに風見鶏と同じ原理で動いているわけですね。あちこち向きを変えても向いた側の抵抗が大きいと、その抵抗を小さくする方向に自然と向きを変える。原理は簡単ですが、わたし自身、その便利さに気づくことなく、いつの間にか身のまわりにあふれるようになっていたんです。たぶん多くの人たちも、そうだと思います。

前野　たしかにそうですね。

甲野　それで、ある時期に「この自在キャスターは、いつから普及し始めたのか」をいろんな人に聞いて、調べてみたんです。しかし、ほとんどの人が、いつ、この便利さに気づいたのか覚えていませんでした。

前野　そうかもしれません。

甲野　これまでこの質問をして、すぐ答えられたのは1人だけです。運送業をやっていた方で「昔はこうしたものがなかったから、登場した時期をよく覚えている」とのことでした。この方によれば以前は、台車を方向転換するときには、台車の下に丈夫な樫の木の棒の先を入れて、テコの原理でヨッコラショと動かしていたそうです。

前野　ああ、なるほど。

甲野　さらにいろいろな人に尋ねたところ、阪神・淡路大震災の直後、日本中から集まったボランティアの誰かがキャスター付きの台車を被災地にもち込んだ。そこで初めてこの台車を体験した人が「へぇーっ、これ便利だねえ」と驚いていたという話をようやく聞くことができました。わたしの想像ですが、あのころ以降キャスターは一般的になり、さまざまなものにキャスターが付くようになったのではないでしょうか。

前野　そうだったんですね。

甲野　現在35歳以上くらいの人が赤ん坊だったころのベビーカーはほぼすべて固定された

車輪式で、現在のようなキャスターは付いていなかったはずです。付いていたのはおそらく高価な海外製のものだけ。ところがその5年くらいあとの世代になると、ベビーカーはほぼすべてキャスターが付いていたんじゃないでしょうか。わずか数年で劇的な変化があったわけです。スーパーマーケットのカートも、病人を運ぶストレッチャーも、ホワイトボードも、ちょっとでも運びにくいものには、現在ではほとんど付いていますよね。

前野 思い出してみると、たしかに昔のスーツケースは2輪の固定式でした。まっすぐ引っ張っていました。

甲野 そうです。外国のスーツケースやストレッチャーには以前から付いていたのに、なぜか日本人はそのことに気づいていなかった。

前野 日本はそういう工夫が得意そうなのになあ。不思議です。

甲野 そこがおもしろいところです。なぜか、遅れていた。

前野 あったのに意識されていなかったんですね。

甲野 わたしが工夫した「風見鶏」という技の原理は、このキャスターから着想したものです。そういう話をするとメーカーの研究者の人たちの目が輝く。

前野 ああ、それは納得です。それにしても、モノはもともとあったのに、その便利さと存在がなかなか気づかれない。そのことが何かのきっかけで自覚されて、パッと広がるという事例は少なくなさそうですね。

甲野 そうですね。阪神・淡路大震災のときに、料理の「食材」という言葉も一般化したようです。「食材」はもともと料理の専門家がつかう専門用語で、かつて、テレビの料理番組などでは「材料」と呼んでいましたからね。わたしたちの子どものころは「カレーの材料」「キャンプにもっていく料理の材料」と表現していたでしょう。それが、このとき以降、変わったようです。国中を巻き込むレベルの大災害や大事件には、そういう言葉を一般化させる効果もあるのでしょう。

前野 そうなんですか。なるほどなあ。

目の前にあっても見えていないもの

甲野 わたしは、いろいろな道具や機械に関する話がけっこう好きで、そういう話を読んだり聞いたりして、印象深かったエピソードはよく覚えています。たとえばあるとき、ロボットアームの内部で起こる断線についておもしろい話を読みました。そのアームというのは左右向き合っていて、そのなかに配線されているコードは同じように動いているのに、どういうわけか左側ばかりが頻繁に断線してしまう。ちょっとした差ではなく、圧倒的に多い。原因を調べてみても、どうにもわからない。何年も同じことが起き続けて、やがてあきらめて「ジンクスのようなものだろう」という人まで出てきた。原因がわかったのは、工場長がある日お風呂でタオルを絞っていた瞬間です。「あ！」と気づいた。ここまでいえばおわかりですよね。アーム内の配線コードはすべて同じ方向にゆるく巻かれていたんです。すると、同じ動きでも、向き合った片一方は絞られて戻り、もう一方はゆるんで戻っている。テンションのかかり方、ストレスがまるで違ったんです。だから一方ばかりが切れていた。

前野　いわれてみれば、当たり前ですね。

甲野　そう。当たり前のことなのに、何年も気づかなかった。そういうことがあるんです。

前野　なるほど、人間は、当たり前のようなことを意外と意識できないということですね。きっと、世の中にはまだまだ同様なことがたくさんありそうです。

甲野　左右といえば、人間の身体においては、左と右とで働きが違うんです。左右対称にはなっていません。その一例が、柔術で昔からおこなわれる、背中に活を入れる「背活」という技です。これは胸椎の7番、8番のところに膝を当ててガンとショックを与えるものですが、必ず相手を座らせて、左の腕を抱えるようにするんです。やってみればわかるのですが、抱えるのが右腕だと相手の身体が逃げてしまう。これには右利き、左利きは関係ありません。

前野　ほお。対称ではないんですか。

甲野　近代は平等思想の影響なのか、左右を同じに扱うことが多くなっていますね。

前野　たしかに。

甲野　近代に成立した合気道などは同じ形を左右同じ回数稽古しますが、古流の柔術などは、左前、または右前それぞれの型が少なくありません。「左右平等に」というのはひとつの思い込みだと思うのですが、思い込みといえば、缶詰の発明と缶切りの発明はずいぶん時期がズレているんです。ちょっとどころか、缶詰登場後、缶切りが発明されるまでにはおよそ50年間かかっているそうです。

前野　たしかにナイフをつかって開けていたという話がありますね。しかし不思議です。

甲野　缶詰を最初に重宝したのは軍隊で、それまで主流だった保存容器の瓶とは違って、缶詰は落としても簡単には壊れず、携行に便利なことがメリットだった。そのため「簡単に開けられる」ということを誰も必要だとは思わなかったようです。

前野　ああ、なるほど。それはメリットだから、開けにくさが気にならなかったんですね。

甲野　はい。やがて缶詰は一般家庭でもつかわれるようになります。それでもなかなか「簡単に開けられる道具があれば便利だ」とは誰も気づかず、普通の主婦でも開けられる道具として缶切りが出てくるまでに、50年もかかった。「簡単に開かないこと」こそが長所である、という思い込みが、それだけ強かったんだと思うんです。

前野　そういうことでしょうね。

甲野　蒸気機関車が蒸気の力で動輪を動かすようになるのにも、何十年もかかっています。あれは馬車をモデルにしていたからだといわれています。ですから、まずは鉄の脚で線路の横を蹴飛ばして進む構造をいろいろと考えたようです。何しろそれまでは、馬車にしても、手押し車にしても、車は動物や人に押されたり引かれたりして他動的に回っていましたからね。車輪自体を動かすというのはたいへんな発想の転換だったと思います。

前野　ははは。なるほど。馬の発想から逃れられなかったわけですか。ようするに、人間は、常識という枠にとらわれがちな生物ということですね。

甲野　自動車がこの世に登場したときも、馬車とよく比較されたといいます。馬車に関わる人たちが「いずれ馬車はなくなって、すべて自動車に置き換わるのではないか」と心配すると、ある人が「そんなバカなことは絶対に起きない」と一笑に付したそうです。その理由は「遊びでちょっと出かけるだけならともかく、人間が何時間も集中して乗り物を操縦し続けられるわけがない。馬は道があれば自然と道を走るから任せておける」というものだったとか。

前野　おお、たしかに。説得力がありますね。

甲野　そうなんですよ。現在でも、もっともらしく聞こえますよね。馬だったら、危険を自分で回避するし、道をいきなり大きく外れることもありません。現に、アクセルとブレーキを踏み間違えての事故は今も多発しています。当時なら、なおさら「なるほど」と思った人は多かっただろうと思います。でも、人間の適応力はすごいもので、いつの間にか慣れて、ある程度の速度でも長時間運転できるようになってしまった。

前野　そうですね。でも今後、自動運転が普及する時代になって、そこから20年くらい経ったら「昔の人はよくこんなものを長時間集中して運転していたものだね」とみんな思うのかもしれません（笑）。

甲野　それはありえますね。

前野　そうした情報も、技のヒントになっているんですか。

甲野　はい。どんなことでも「技に結びつかないか」と考えると、興味がもてるんです。工学的な工夫だけじゃなくて、のちほどお見せしますが、津波がヒントになった技もありますし、動物や虫の身体構造や生物の生態にも重要なヒントがたくさんあります。

　最近読んだ『ナショナルジオグラフィック』の記事でおもしろかったのは、カナダにいるノウサギ属の一種カンジキウサギの話です。ウサギといえば草食のイメージがありますが、気温が極端に下がってエサが不足する冬になると、動物の肉をけっこう食べていることがわかった。ときには天敵であるカナダオオヤマネコも食べるそうですよ。この話などは、直接技のヒントにはなりませんが、固定観念としての思い込みを戒める役には立ちますね。

前野　なるほど。

甲野　アボリジニ[23]の伝説にあった「火を運ぶ鳥」が実在していたという話も、わたしの鳥好きの知人のツイートで知りました。トビやハヤブサの一種が、獲物になる小動物をおびき出すために、山火事のとき、火の付いた枝を草原に落として火事を拡大させるようです。山火事が発生した際、小動物が火から逃げるのを見て学習し、やるようになったらしいです。

前野　身体張ってますね（笑）。火をつかうのは人間だけじゃないんですね。

甲野　動物の生態はおもしろいですよ。そういう情報は常にストックし続けて、何かのヒントにならないかと。

前野　古武術の研究が、好奇心の源にもなっているんですね。

23―アボリジニ　（Aborigine）オーストラリア大陸と、タスマニア島など周辺島《とう》嶼《しょ》の先住民を指す。イギリスを中心とするヨーロッパ人による植民地化および弾圧政策で人口が激減したが、１９９６年にはオーストラリアの総人口の約２％にあたる35万人ほどに回復した。

甲野　おかげさまでこの2月に古希（70歳）を迎えたのですが、ちょうどその誕生日をはさんだあたりから大きな気づきがあって、その技と術理が今も進展しています。

前野　ほお。

古希（70歳）になって気づいたこと

甲野　この新しい技と術理は、自分の内面とも深く関わる気づきでした。

前野　古希にしてたどり着いた気づきですか。

甲野　いや、「古希でこの程度か」と昔の人に笑われそうですが、1月に栃木の下野市教育委員会に呼ばれて「教育のつどい」というイベントで話をしたんです。20年来の知人で、空手をやっている司法書士の方の紹介で呼ばれたのですが、今回、初めてその方がクリスチャンであることを知りました。しかもカトリックだといいます。ご両親が信者だったわけでもないというので、不思議に思って「いつからですか」と聞いたら、20年くらい前からとのことでした。20年くらい前というと、ちょうどわたしが知り合ったころで、この方が働き盛りの40代に入った時期。その年齢でカトリックに入信ということはなかなか珍しいですよね。

前野　たしかに日本人男性では少ない例かもしれませんね。

甲野　この話を聞いたとき、生まれて初めての感情が湧いたんです。それは、信仰をもっている人への強い尊敬と憧れでした。

前野　ほお。

甲野　さきほどもお話ししたように、わたしはさまざまな宗教の方々と関わってきたので、現代の普通の日本人と比較して、宗教というものに対する違和感はそれほど強くないほうだと思います。ですが、いろいろな宗教の方を知っているだけに、そのなかのどれかをとくに信仰するということにはなっていない。理解はするけれど、信仰そのものとは距離を置いていたんです。尊重はしますが「ああ、そうですか」というか、正直、他人事の気持ちだったのです。この時代に、たとえば聖書にあることをまるごと本当に信仰するのは、非常に難しいことでしょう。

前野　そうですね。２０００年前に書かれた本の記述を、すべて本気で信じることは簡単ではないと思います。

甲野　たとえば、人類の進化。現代の通説でいえば、人類は約７００万年前にチンパンジーと共通の先祖から分かれたとされています。この説がどこまで正確かはわかりませんが、武術の技を追求していると、人間の身体には、かつて四足歩行していたときの身体構造が色濃く残っていることを強く感じるんです。ですから、人間がいきなり人間として創造されたとは考えづらい。

前野　ええ。

甲野　でも、1月にその知人の信仰を知ったとき、わたしが追究している「運命は決まっていて、そして同時に自由である」というテーマに「神への信仰」が非常に近い、という感覚が芽生えたんです。

前野　どういうことですか？

甲野　キリスト教を深く信仰している人が祈りを捧げていると、突然、霊感に打たれることがあると聞きます。禅でいえば見性[24]したような感じでしょうか。そのとき信仰者はどう感じるのか。それは2つのタイプに分かれている気がします。「神はすべてわたしをつかって、わたしを通じて何かをされる、つまりわたしは神の僕《しもべ》である」という感動をもつ場合と、「わたしが何をしようと、神はすべてを追認してくださる」と感動する場合の2つです。まあキリスト教を信仰されている方には異論があるかもしれませんが、あくまでわたしがキリスト教徒の方とお話しして感じた印象です。

前野　なるほど。

甲野　俗世の仕事に置き換えてみると、この両者は大違いです。一

24―見性（けんしょう）仏語。修行によって表面的な心のあり方を克服し、人間に本来備わっている根源的な本性を見極めること。

方は、上司に「あれしろ」「これしろ」といわれて、そのとおりにやる。まさに滅私奉公です。でももう一方は、自分がやりたいと思ってやったことを上司が全部追認してくれる。俗世では、両者は正反対の関係性だといえます。でも、信仰において、この2つは同じようなものなんです。完全に神と一体化しているときのタイプが2つあるだけで、命令によって動くか、動いたことが自然に神の意志に叶っているかに過ぎない。神と一体化している以上、両者に大きな違いはなく同じことになるんです。

前野　ふうむ。

甲野　「これは、運命が決まっていることと、自由であることとの同時存在性と同じことではないか」と思いました。論語を思い出してください。「吾れ十有五にして学に志ざす。三十にして立つ。四十にして惑わず。五十にして天命を知る。六十にして耳従う」の次は何か。「七十にして心の欲する所に従えども、矩《のり》を踰《こ》えず」でしょう。

前野　ああ！　たしかに同じですね。

甲野　そうなんですよ。やりたいことをやるけれども、それが自然と社会的道徳の規範を超えることはない。

前野　論語も甲野先生と本質的に同じことをいっているんですね。

甲野　禅画で有名な白隠慧鶴[25]にこんなエピソードがあります。出家したある日、中国の高僧伝を読んでいると、[26]徳山禅師のあとを継いだ[27]巌頭という有名な和尚が、山中で賊に首を切られて死ぬ話を見つけました。巌頭は首を切られたとき、「うーん」とうなった声が数里四方に響き渡ったと書いてある。これを読んだ白隠は「巌頭和尚ほどの歴史に名を残す名僧であっても、山賊に襲われるという悪因縁を免れない。仏法も大したことはないのではないか」と落胆した。そして修行への情熱が失せてしまった。漢詩を書いたり、文学を読んだりして、ただ日々を過ごすようになったわけです。その後、この状態から何とか立ち直ったことについてはいくつかのエピソードがあるのですが、いずれにしても、白隠はその後、修行を再開します。でも、巌頭和尚の最期に納得したわけじゃなくて、ずっとこのことが気になっていたんですね。

前野　ええ。

甲野　白隠禅師は、生涯4回大悟したといわれますが、最初の大きな悟りが、越後高田（現在の新潟県上越市付近）にあった英巌寺で訪れます。座禅をしていた白隠が鐘の音でハッと気づき、口をつい

25—**白隠慧鶴**（はくいん えかく／1686～1769年）臨済宗中興の祖と称される江戸中期の禅僧。信濃飯山正受庵の道鏡慧端の法を嗣ぎ、故郷の松陰寺に戻ったのち、京都妙心寺の第一座となる。禅の民衆化や革新に尽力し、書画でも知られた。

26—**徳山宣鑑**（とくさん せんかん／782～865年）中国唐代の禅僧。四川省に生まれ、若くして仏道に入り、聖典を究めた。常に『金剛経』を講誦していたので俗姓の「周氏」から、「周金剛」と呼ばれた。

27—**巌頭全奯**（がんとう ぜんかつ／828～887年）中国唐代の禅僧。845年会昌の破仏に遭遇し、寺を焼かれたうえ追放されたため、還俗して船頭をやりながら修行した。

て出た言葉は「巌頭和尚はまめ息災」。つまり「巌頭和尚はまめで、元気で、今も生きている」という意味です。そう大声で叫んで、一晩中踊り明かした。「きっとこの２００年来、自分ほど徹底的に悟った者はいないだろう」と自分で確信するほどの強烈な大感動があったというんです。

前野　ふうむ。どういう意味か、難しいですね。

甲野　この話には続きがあって、じつは英巌寺の師匠は白隠の悟りをなかなか認めません。不満に思った白隠は、ここを飛び出して〝正受老人〟とも呼ばれていた高僧・道鏡慧端[28]のもとに行きますが、ここで自分の悟りに慢心していた気持ちをガツンとやられることになります。そのあと……なんていってると、長くなりますので、はしょりますけど（笑）。

前野　ははは。

甲野　気になるのは「巌頭和尚はまめ息災」の意味です。わたしにとっては、若いころからずっと考えてきた課題でした。白隠和尚が深く納得するところがあったのだろうとは思うものの、ずっとどう

28―道鏡慧端（どうきょう えたん／１６４２～１７２１年）江戸時代の臨済宗の僧侶。正受老人の名で知られている。信州松代藩主真田信之の庶子。１７０８年、慧端は来庵した白隠の慢心を見抜き、ときには廊下から蹴落とすなど辛辣な指導で、白隠の大成を導いた。

いうことなのかはよくわからなかったのです。

前野　ええ。

甲野　それが2年くらい前に「そうか！」と思うことがあったんです。これは完全にわたし独自の解釈で、何かの本に書いてあるわけではありません。でも、自分としてはものすごく納得のできた答えです。

前野　どんなふうに解釈なさったんですか？

甲野　巌頭和尚は自ら望んでそうなった、ということです。どれだけ「苦しい人々を救済したい」と強く願っても、非業のうちに死ぬ人は決してなくならない。それが世の中というものです。しかし、どんなに悲惨に見える死に方であっても、自分ではっきり納得できるものであれば、それは非業の死ではない。巌頭和尚は、そのことを証明したかったのではないか、と思ったんです。

前野　ああ。運命を受け入れているから、自由で、ある意味、幸せなのですね。

甲野　ええ。ある種、キリスト的な受難を受けたという見方もできます。だから「賊に首を切られて死ぬ」という現象だけを見れば最悪な災厄に遭ったように思われるけれども、そのときに出た「うーん」といううなり声は悲惨な断末魔の叫びではなく「やっぱりそうだったか」という納得の声だと思うんです。その死の瞬間に臨んで納得できた。見た目は、こんな非業の死を遂げたけれども、わたしはそういうシナリオに生きていて、自ら望んでその役を引き受けた。そして、その死に向かう瞬間、心は少しも揺れていないのだから納得できるし、満足だ。そういううなり声だったのではないでしょうか。

前野　ええ、ええ。おもしろいですね。

甲野　わたしの独自解釈ですが、この巌頭和尚の、自分の信念に、このように命をかけられる凄まじさへの敬意が、潜在的にわたしのなかにあり、それがさきほどお話しした知人のカトリック信仰を知ったときの憧れに結びついたのではないかと思います。

前野　ああ、なるほど。

甲野　この世に肉食動物と草食動物がいれば、どうしたって食う／食われるの関係になるでしょう。それは一見、襲われる草食動物がかわいそうで、肉食動物が悪者にも見えます。しかしアメリカのイエローストーン国立公園あたりでは、オオカミがいなくなったことで鹿が増えすぎて植生が壊れてしまったという現象も起きました。それで、これまで家畜の敵だとされてきたオオカミをカナダから再導入することで、植生を回復させたそうです。

前野　見た目の悲惨さ、強弱だけでは判断できないことはたくさんありますね。

甲野　少し話が逸れましたが、そういうわけで、ここ何年かで、わたしの思想面では一気に何十年分もの気づきがあったんです。

前野　はい。

受動意識仮説と運命

甲野　今は、それをよりたしかなものにするべく、さらに究明しているところですが、その具体的な手がかりのひとつが「表の意識の自分」と「そうでない自分」を操るということです。

前野　それは運命が決まっていることと、自由であることと同じ構造ですか？

甲野　もちろん関連はありますね。

前野　表の自分と、裏の自分といいますか……。

甲野　裏というよりも「表の自分」と「そうではない自分」という感じでしょうか。潜在的な自分、無意識の自分といってもいいと思います。それも1人ではなくて、多層だと考えています。

前野　何層もある。

甲野　はい。表以外の意識に、さらに深い自分がいるという感覚がありますから。このごろ、それをすごく感じるんです。

前野　わたしの考えている「受動意識仮説」は、まさに自由意志はないという説です。[29]リベット博士による脳神経科学の実験によると、わたしたちがさまざまな物事を「自分で〇〇する」と自由意志によって決めていると実感する、その0・35秒くらい前に、無意識的な脳の神経活動が、あらかじめ意志決定を終えている。いろいろな実験で、それが検証されています。つまり、自由意志だと意識されることのほとんどは、脳の無意識的な活動が先行して決めている。99・999%そうなっている。というか、わたし自身は人間の自由意志は100%ないと考えています。

甲野　わたしも100%ないと思いますね。「ある程度」とか、「ほとんど」とか、いったい、何を基準に測るのでしょう?

前野　おっしゃるとおりです。

甲野　こんなことをいったら悪いのかもしれないけれど、新宗教のなかには、このあたりを曖昧にしているケースが多くて、ツメが甘いと常々思っているんです。もちろん説く人によるのですが、「大事なことは決まっている」とか「そうでないところは努力で変えられる」なんていい方はおかしいでしょう(笑)。

29―**ベンジャミン・リベット**(Benjamin Libet／1916~2007年)カリフォルニア大学サンフランシスコ校の生理学者、医師。人間の意識と関わりをもつ、自発的な筋運動の際に観測される準備電位(readiness potential)についての先駆的研究者として知られる。

30―**本願ぼこり**(ほんがんぼこり)浄土真宗の教義「悪人正機(あくにんしょうき)=悪人こそが阿弥陀仏の本願による救済の対象である」を誤解して「悪人が救われるなら、積極的に悪事をなそう」という行動に出た者を指す。

前野　全部決まっているほうがすっきりしますよね。

甲野　大事なこと、大事でないこと、なんて誰が決めるんだと思います。それは主観的なものに過ぎません。しかも、大きなことは変えられず、細かいことしか変えられないようなら運命なんてどうでもよくなってしまう。ささいなことまで決まっているからこそ、運命であるはずです。もちろん、「運命は変えられる」と主張している人の気持ちもわかります。「運命が決まっていて変えられないなら、何でも好き勝手に生きよう」という、昔、浄土真宗の教えを都合よく解釈して自由気ままに生きようとする「本願ぼこり」[30]のような人間が現れましたが、ああいう人間が出ては困るということもあるからだと思います。

ただ、わたしは「完璧に決まっている」と「完璧に自由」とが同時存在するという矛盾そのものを両立させようとしているのです。まあ、そのあたりは説くのがたいへん難しいのですが。

前野　そうですね。わたしの受動意識仮説も「運命論なのか？　違うのか？」と聞かれることがあります。答えは、運命論であり、運命論でない。わたしたちは主観的には、つまり意識下では、自由意志で自己決定していると感じますから、運命が決まっているとは実感しません。一方で、脳神経科学の結果として、意識下における自由意志はないことが示されている。ということは、客観的に人間の脳や身体を見ると、何も自己決定をしていない。つまり、すべては物事の因果応報。運命は決まっているということになるんです。

甲野　決まっているからこそ安心で、すべてが上手くいっていると考えられます。演劇を観にいくのに「ストーリーはもう決まっているのだから、観ても意味がない」という人はいません。わかっているのに感動する。筋が決まっているのに、演じている人の演技に、観客は魅力を感じる。つまり、どう味わうかだと思うんです。

前野　なるほど。やはり最初の「すべては決まっている。でも、というか、だからこそ自由である」というところに帰着していきますね。

甲野　クラインの壺[31]ってありますよね。1回捻じって表裏を貼り合わせたメビウスの輪が立体的になったもので、三次元空間では無理やりなモデルしかできない形といわれていますが、あの内側と外側が同時に併立しているということが、この「運命が決まっていて同時に自由」のひとつのモデルのようにも思います。

前野　ああ。

31｜**クラインの壺**（Klein bottle）　ドイツの数学者フェリックス・クラインにより考案された、境界も表裏の区別もない閉曲面の一種。2つのメビウスの帯を境界線に沿って貼り合わせるとできる。「クラインの管」「クラインの瓶」ともいう。

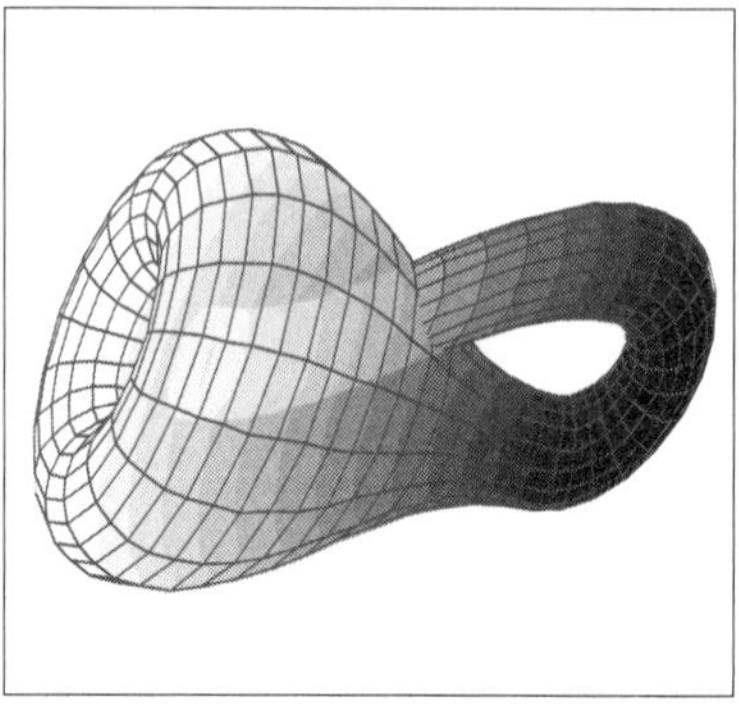

甲野　そして、いわゆる「無敵の境地」とは、そういうことじゃないかと思うんです。自分のあるべき時空間にあり続けること、クラインの壺の内側と外側の同時存在性を身体で把握していること、それが結果として負けないということになる。そんな気がしています。

前野　ほお。深いですね。

甲野　ですから、わたしなりの「武術」の定義は、「矛盾を矛盾のまま矛盾なく、取り扱う」ことなんです。

前野　うわ。それは、さきほどのお話を超えていますね。3つになった。「矛盾」と「矛盾でない」を超えて「矛盾のまま取り扱う」。

第1章のリマインダー

❖運命は完璧に決まっていて、同時に完璧に自由である。
❖武術には命に関わる「切実さ」がある。
❖失われつつある古《いにしえ》の武術の研究のため、森羅万象からヒントを得る。
❖人間は、当たり前のようなことを意外と意識できない。
❖人間の身体は左右対称ではなく、左と右とで、働きが違う。
❖人間は常識という枠にとらわれがちな生物である。
❖動物や虫の身体構造、生物の生態も技のヒントになる。
❖自己の運命を受け入れられれば、自由で、幸せになれる。
❖潜在的な自分、無意識の自分は1人ではなく、深く、多層である。
❖「武術」の定義は「矛盾を矛盾のまま矛盾なく、取り扱う」こと。

第2章
古武術の「技」に見る意識と無意識

「我ならざる我」が自分を動かす影観法

甲野　去年（2018年）は、「影観法《えいかんほう》」と名前をつけた技法をおもに研究していたんです。「影《かげ》を観る」と書きます。一言でいえば「我ならざる我」を出す方法のひとつです。

前野　「我ならざる我」ですか。何度も出てくるテーマである「運命と自由」の矛盾の構造と似ていますね。

甲野　そうですね。

前野　偶然そうなったのでしょうか。それとも、甲野先生にとってはすべて一緒なのですか？

甲野　わたしとしてはこの「人間の運命は完璧に決まっていて、同時に完璧に自由である」というテーマを追究するために、いろんな方向からあの手この手で迫ろうとしているわけです。

前野　ああ、そうなんですね。

甲野　まず1年かけて「我ならざる我」、つまり「もう1人の自分」を出す工夫をずっと続けてきたんです。影観法を少し実演してみましょう。

前野　自分に向かって打ち込まれてくる刀を、ギリギリのタイミングで躱《かわ》しているように見えます。これはどういう技ですか？

上：表の意識では、打ち込まれてくる刀を「躱さずに摑む」。　**下：**もうひとつの意識、「我ならざる我」がわたしを動かして「躱す」。

甲野　躱すのが遅ければ当然打たれてしまいます。早めに逃げたら、逃げた方向に刀が追いかけてくるのでやはり打たれてしまいます。ではどうやるのか。表の意識では「避けずに摑む」そして、もうひとつの意識、我ならざる我がわたしを動かして「避ける」んです。

前野　ほお。

甲野　この刀をもった相手が、遠慮しなくてもいいように当たってもケガの恐れのないソフト竹刀をつかって、本気で打ち込んでくるのを避けるのは、身体能力に優れた一流スポーツ選手でも非常に難しいでしょう。少なくともわたしは、今まで1人も見たことがありません。

前野 たしかにそう見えますね。間に合わなそうです。

甲野 だから、逃げてはいけない。表の意識は、逃げないで刀を摑む。そしてもう1人の自分が躱す。その結果として、打たれるギリギリで避けられることになるわけです。「避ける自分」は「わたし」ではない。少なくとも「表のわたし」ではありません。わたしが「ギリギリで躱そう」と意識してしまうと足が残ったりして、このように避けることはできません。

前野 そもそも、コントロールできるのが意識。コントロールできないのが無意識です。ですから、普通に考えると、そんなことができること自体、矛盾のように見えます。どうやって習得なさったのですか？

甲野 完全に独学です。何年か前から、この打ち込んでくる刀を避ける、つまり、躱す動きはある程度はできるようになっていたんですが、相手が本気でビシッと振り下ろすと、正直、辛かった。ここまでできるようになったのは、去年1年間で「表の自分は刀を摑めばいい。もう1人の自分が躱す」という感覚が身についてからです。

前野 自分の意識としては「刀を摑む」だけなんですか。

甲野　はい。こんなたとえはどうでしょう。会社が危機に瀕し、社長命令は「倒産を覚悟」だけど、社長のいうことを聞かない跳ね返りの社員がいるんです。その社員が資産をもって逃げて会社を再興する（笑）。

前野　ははは（笑）。その社員は、社長のいうことを聞かないほうが、会社のためになると思っている？

甲野　まあ、そういうことですね。あるいは、こんなたとえはどうでしょうか。幼い子どものなかには、親や大人に見られていると、なかなかできることもできない恥ずかしがり屋の子がいますよね。そういう子どもに何かをさせるときに「じゃあ、お母さんはこっちを向いているからね」といって、よそを向いていて、その間にその子どもがやるべきことをやらせる。この場合、その母親が「表の意識」で、子どもが「もう1人の自分」です。

前野　なるほど、わかりやすいです（笑）。

甲野　このたとえだと、かなりわかっていただけると思うのですが、表の自分は本当に「摑む」という意識なんです。このときは、最近いろいろなジャンルでも取り上げられるようになった「フロー」[1]に入っていると思います。

前野　おお、フローですか。チクセントミハイ[2]が提唱した概念ですね。意識的に何かをするのではなく、無意識的に物事が進む、強い没入状態。何かに極めて没頭する結果、物事がものすごくうまくいく境地といわれています。[3]ポジティブ心理学や企業の人事関連では「エンゲージメント」ともいいます。

甲野　ええ。「ゾーンに入る」という表現もありますね。そういう独特の心理状態になっている実感があります。おそらく、もう1人の自分を出すためには、一種の「危機感」のようなものが必要だと思うんです。

反復練習ではなく、フローが可能にする動き

前野　わたしもフローの研究をしているんですよ。音楽を演奏しているときや、小説を書いているときにフローに入る人は多いようですが、フローに入るための条件のひとつは、習熟です。意識してやっているうちはダメで、練習に練習を重ね、無意識的に身体や脳が動くようになっていないとフローやゾーンには入れない。スポーツのフロー、ゾーンでは、危機感や臨場感を強調する場合が多いですね。

甲野　フローについて書かれた『超人の秘密　エクストリームス

1｜フロー　(Flow) 心理学者のミハイ・チクセントミハイによって提唱された概念で、人間が自分自身の心理的エネルギーを100%、そのとき取り組んでいる対象に注ぎ、チャレンジとスキルが釣り合う状況で物事に没入する体験。ゾーン（Zone）体験とも呼ばれる。

2｜ミハイ・チクセントミハイ　(Mihaly Csikszentmihalyi／1934年〜) ハンガリー出身のアメリカの心理学者。「幸福」「創造性」「主観的な幸福状態」「楽しみ」など、いわゆるポジティブ心理学の研究をおこなう。『フロー体験　喜びの現象学』ほか著書多数。

ポーツとフロー体験』（スティーヴン・コトラー著、早川書房）という本があるんです。依頼を受けて、わたしが帯の推薦文を書いたのですが、さまざまな極限状態で信じられないようなパフォーマンスを発揮している人たちの事例がいろいろと紹介されています。

前野　わたしも読みました。あの本に出てくる事例は壮絶ですね。

甲野　垂直な岩山を登山用具を一切つかわず、手足だけで登っていくフリーソロ（クライミング）とか、とんでもない激流を下るホワイトウォーター・カヤックといった競技をしている異能の人たちへのインタビューがベースです。彼らにはみな共通した、独特のフロー感覚がある。仏教でいう「三昧《さんまい》」状態といってもいいかもしれません。今おこなった、この打ち込んでくる刀を躱す動きをしているときも瞬間的にフロー状態になっているのではないかと思います。

前野　ほお。

甲野　「逃げずに摑むぞ」という感じ。絶対に躱そうとはしていない。それなのに避けられる。このように相手が本気で打ち込んでくる刀を躱すことは、30代、40代のころから試みていたのですが、当時は、

3―**ポジティブ心理学**（positive psychology）個人や社会を繁栄させるような強みや長所を研究する、近年注目されている心理学の一分野。アメリカ心理学会の元会長、マーティン・セリグマン博士は、「ポジティブ心理学の父」と呼ばれている。精神疾患を治すことよりも、通常の人生をより充実したものにするための研究がなされていて、「幸福になれば、人は生産的で、行動的で、健康で、友好的で、創造的になる」という研究結果が出ている。

ぜんぜんできなかったんです。「本当に難しいな」と思ったことは、はっきり記憶にあります。それが60代の半ばごろからなんとかでき始め、70歳近くになって、以前よりずっと楽にできるようになったのです。筋力はもちろん、瞬発力、反射神経も30代や40代のときより衰えているはずなのに、あのころは、どうにもできなかったこの動きができるのです。

前野　自分がやっている気がしないんですか。

甲野　ええ。避けている瞬間の自分はいない。「摑もう」という意識に自分を集中させているあいだに、ふっと無心状態になる。いわば気を失っているようなもので、気持ちいい状態ともいえます。

前野　ほお。まるで悟りの境地のようですね。実際、ポジティブ心理学では、フロー状態は極めて幸せな心の状態のひとつであると位置づけられています。

甲野　ですから、ある種のフロー状態にはなっているのだと考えています。

前野　興味深いですねえ。ちなみに打つ側の感覚はどうなっているんですか？　相手が普通に避けようとしている場合とは、見え方や感覚は違ってくるのでしょうか。

甲野　かなり違うようですね。わたしのことを打ってくる場合には、ときにわたしを打った、当たったという手応えに近いような感触があるみたいです。ちょうど、あると思った

階段がなくてショックを受けるのに似て、手首に違和感が出ることもあるようです。（アシスタントの方もうなずく）

前野　おお。不思議ですね。切ってても当たってもいないのに、あたかもそうであるように感じる。そんなこと、あるんですか？　いやいや、もしかしたら、わたしたちが感じている現実とは、そのようなことだらけなのかもしれませんね。

甲野　たとえていうと、トンボを捕まえようとして、たしかに摑んだ。「捕まえたぞ！」と思ったのに、逃げられている。そんな感じでしょうか。ですから、刀を振り下ろしたとき、手首に当たった手応えがあったかのように錯覚してしまう。

前野　たしかに、トンボの例のような経験はあります。なるほど。おもしろいですねー。

甲野　この技は、一流といわれるアスリートでも難しいのですが、その理由は打ち込んでくる刀を躱すのに、そういう一流選手でも足で床を蹴って身体を移動させようとするので、頭や上半身から先に身体が動いてしまって、どうしても足が残るんです。わたしは体幹部が足を連れて動いていきます。これはスポーツ的な身体のつかい方と武術的な身体のつかい方のはっきり違うところだと思います。

前野　この技を習得するには、相当な練習をする必要がありますか？

甲野　普通のいわゆる反復練習では、何回繰り返してもできないと思います。本当にできないんです。わたしの周辺でも、かなりできるようになってきた人が、2～3人出てきたくらいです。しかし、このように〝ブン！〟と風切り音が出るほど速く振り下ろされている状態だと難しいですね。練習の量ではなくて、動きの質が変わらないと、難しいんです。

前野　量ではなく質、ですか。

甲野　わたしができるようになったのは、影観法を研究していたからです。そのおかげで「もう1人の自分」という感覚をもつことができました。自分の意識（表）は、刀を躱さないで摑むとしか考えていない。この感覚があるから、できるんです。

　この技は合気道や古武道の演武大会でもときどき見かけますが、打太刀（相手）が本気で打ち込んできても躱せているかというとなかなか難しいと思います。ただ、わたしは相手が本気で打ち込んできても躱せるようになりたかった。そうでなければ武術を通して「人間の運命は完璧に決まっていて、同時に完璧に自由である」ということを究明するなど夢のまた夢だと思いましたから……。

前野　そうでしょうね。頭ではわかります。

甲野　一流アスリートも難しいこの動きですが、ほんの5分くらいの指導で、ある程度できるようになった人がこれまで1人だけいました。歌舞伎役者の市川海老蔵さんです。打ち込む刀の速さはもちろん手加減しましたが、たちまち感覚は摑んだようです。あの才能には感心しました。

前野　ほお。どうして歌舞伎の方ができたのでしょう？

甲野　海老蔵さんがすぐにできた理由のひとつは、日本舞踊の動きに似ているからだと思います。日本舞踊では、足で床を蹴らずに、ふわっと身体を動かす動作があるでしょう。海老蔵さんとしては長年稽古してきた、その感覚が役に立ったようです。

　とはいえ、それだけでできるものではありません。人間には本能的な危険回避の反射があるので、自分に向かって刀が振り下ろされれば、それが当たっても痛くないソフト竹刀であっても、思わず身体が逃げてしまうのです。あれはきっと役者として、打ち込まれる刀を合図として受け取り、「この合図が出たら、この動きをする」というふうに、海老蔵さんの役者としての才能が、自分の本能的な反射行動を抑え込んだのだと思います。わたしは俳優の指導もしているのですが、ここまで自分が求められている役に徹し切れるのはすごいことだなと感じました。もしかしたら海老蔵さんという人は「おもしろきこともなき世をおもしろく」で知られる高杉晋作[4]のよ

4―高杉晋作（たかすぎ しんさく／1839～1867年）江戸時代後期の長州藩士。吉田松陰の門下に入り、「松下村塾四天王」の1人とされる。幕末に長州藩の尊王攘夷の志士として活躍。奇兵隊などの諸隊を創設し、長州藩を倒幕に向かわせた。

うな巨大な虚無感を抱えておられるのかもしれませんね。高杉晋作は、命がけの大勝負をしているときでないと生きている実感がなかったのではないかと思うのです。本質的に、自分の命を惜しいと思っていないというか。わたしの勝手な想像ですが、それもあってできたのかもしれない。役者のなかには、そういう天才がいるんですね。

前野　ふーむ。すごい世界ですねえ。

チリ地震津波がヒントになった技「響きを通す」

甲野　今年（2019年）になってできるようになった「響きを通す」という技もやってみましょう。たぶん、直接受けていただいたほうがわかりやすいと思います。拳で突きますから、手のひらで払ってください。

前野　はい。

甲野　これは普通に突いている場合です。ちょっと手が痛いと思いますが、払うことはできるでしょう。

前野　たしかに。できます。

甲野　通常の突きだとこのように簡単に払うことができます。では、これはどうですか。痛くはないと思いますが、払えないようにやってみます。

前野　（拳を振り払えず、そのまま押されるようによろめく）ああ。全然払えない。

甲野　これが「響きを通す」です。

前野　甲野先生の動きが速くなったわけでも、強くなっているわけでもなさそうなのに、まるで手応えが違いますね。

甲野　むしろ、通常の突きよりもやわらかく、ふわっと当てています。でも、払っても払えず、逆に崩されるでしょう。こういう突きをおこなうのはプロボクサーでも難しいと思います。今からもう60年くらい前に起こったチリ地震津波をご存知ですか？

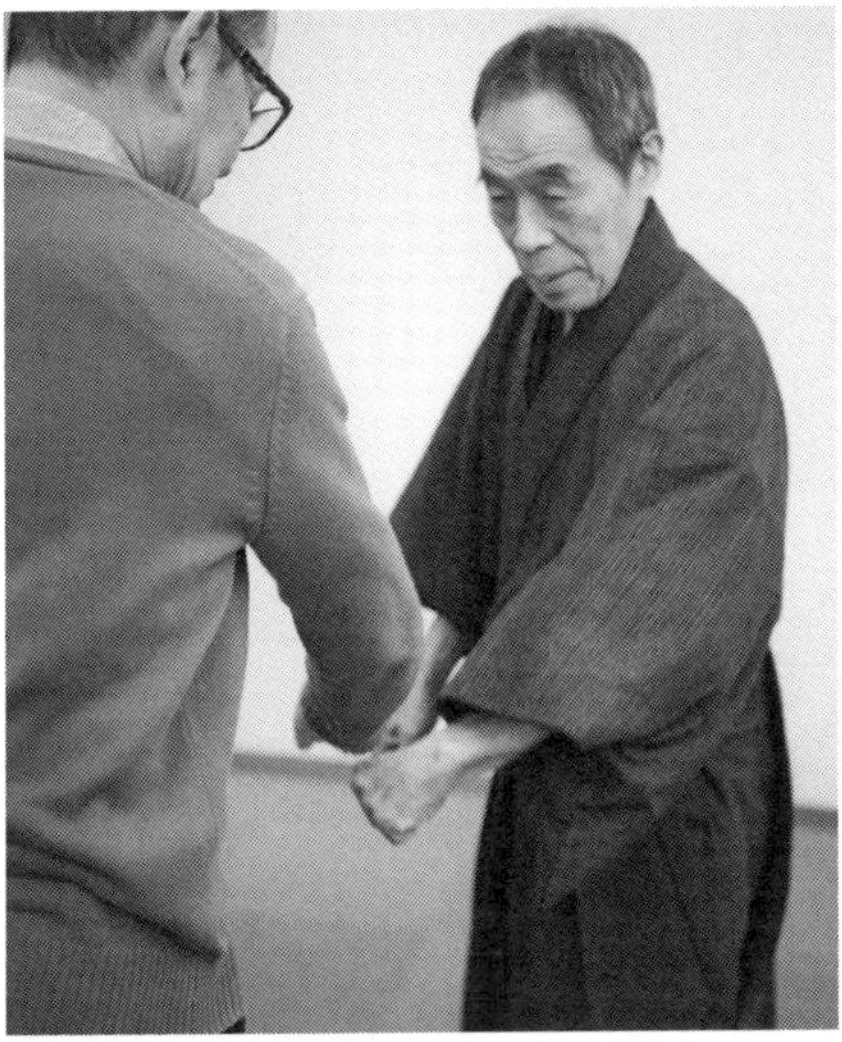

上：普通に拳で突くと、相手は手のひらで払うことができる。　**下：**「響きを通す」突きは払うことができずよろめいてしまう。

前野　ありましたね。南半球のチリ沖で起きた地震が、遠く離れた日本に大きな津波をもたらした。それが何か関係している？

甲野　はい。あの津波は、地震の巨大なエネルギーが太平洋を越えて伝わったことで起きたものでした。津波にはさまざまな形態があるそうですが、チリ地震津波の場合は、太平洋上を巨大な波が進んでいったわけではなく、地震のエネルギーだけが伝播《でんぱ》したといいます。つまり、あのとき太平洋上にいた船や、もし海中に潜水艦が航行していたとしても影響はなかったのです。ところが、エネルギーを媒介していた水がなくなる、つまり陸地に行きあたった瞬間に、ガーンと牙をむいたようにして、津波が起きたというわけです。

前野　そうなんですか。

甲野　ええ。これは遠くで発生する巨大地震特有の現象だそうです。陸の近くで起きた地震の場合は、一度、海水が退いていって、それから大きな波が押し寄せる津波になる。

前野　ほお。

甲野　「響きを通す」は、この遠くで起きた巨大地震のメカニズム

5｜チリ地震津波　1960年5月22日に起きたチリ地震は現在でも史上最大のマグニチュード9・5を観測。地震発生から約22時間半後に最大で6mの津波が三陸海岸沿岸を中心に襲来。日本の各地に被害をもたらし、罹災世帯約3万世帯超、罹災者は約15万人にのぼった。

がヒントになっています。つまり、わたしがこういく（足を踏み出す）のが震源地です。

前野 ええ。

甲野 そして、身体を伝ってエネルギーが拳にいく。そのままでは、ふわっとした突きに過ぎません。それを前野先生に払っていただいたことで、ドッとエネルギーが湧き出したわけです。

前野 ああ、伝播を止めたわけですか。

甲野 そうです。ここで拳を止めたからエネルギーが出た。チリ地震津波の要領なんです。身体を通してエネルギーがいく。

前野 わたしは機械工学出身なんです。力学的に考えると、エネルギーには位置エネルギー[6]と運動エネルギー[7]があります。今の津波の話は、以下のようなメカニズムでしょうか。海底の地震によって、静かに見えるけれども、広い面積にわたって水面の上昇が起こり、かなりの位置エネルギーが蓄えられていた。その巨大なエネルギーが岸辺で一気に解放された。そういうことでしょうか？

甲野 「カチカチ玉」を思い浮かべていただくといいかもしれませ

6―位置エネルギー（potential energy）ポテンシャルエネルギーともいう。物体のもつエネルギーのうち、その物体の位置のみによって決まるエネルギー。位置エネルギーが高い状態ほど、不安定で、動き出そうとする性質が強いといえる。

7―運動エネルギー（kinetic energy）物体の運動に伴うエネルギー。運動している物体が何か他の物体に当たったときに、動かしたり変形させたりする力を指す。1850年ごろ、イギリスの物理学者、ウィリアム・トムソンによって初めて用いられた用語。

ん。振り子がたくさん並んでいますが、中央付近の複数の振り子はまったく動かず、左右の両端にある振り子だけがコン、コンと大きく揺れる。両端以外の振り子は動かないけれど、エネルギーだけが伝わっているとは、こういうことです。

前野　あ、なるほど。[8]ニュートンのゆりかごですね。衝撃波によるエネルギーの伝播です。外側から見ると動きは見えませんが、金属球の中を波が音速で伝わっています。[9]海中でも同様なことが起きるのでしょうね。

甲野　まあ、その遠距離の津波のエネルギー伝播をヒントにして、これを人間の身体でやるのが「響きを通す」です。

フローと「弥陀の本願信ずべし」の共通点

甲野　この津波の原理に気づいたのは2月の中旬でした。

前野　今年ですか。

甲野　ええ。

前野　つい最近じゃないですか。（注／この対談は4月初旬におこ

8｜**ニュートンのゆりかご**　（Newton's cradle）運動量保存則と力学的エネルギー保存の法則を実演するための装置。別名カチカチ玉、衝突球、英語では executive ball clicker ともいう。

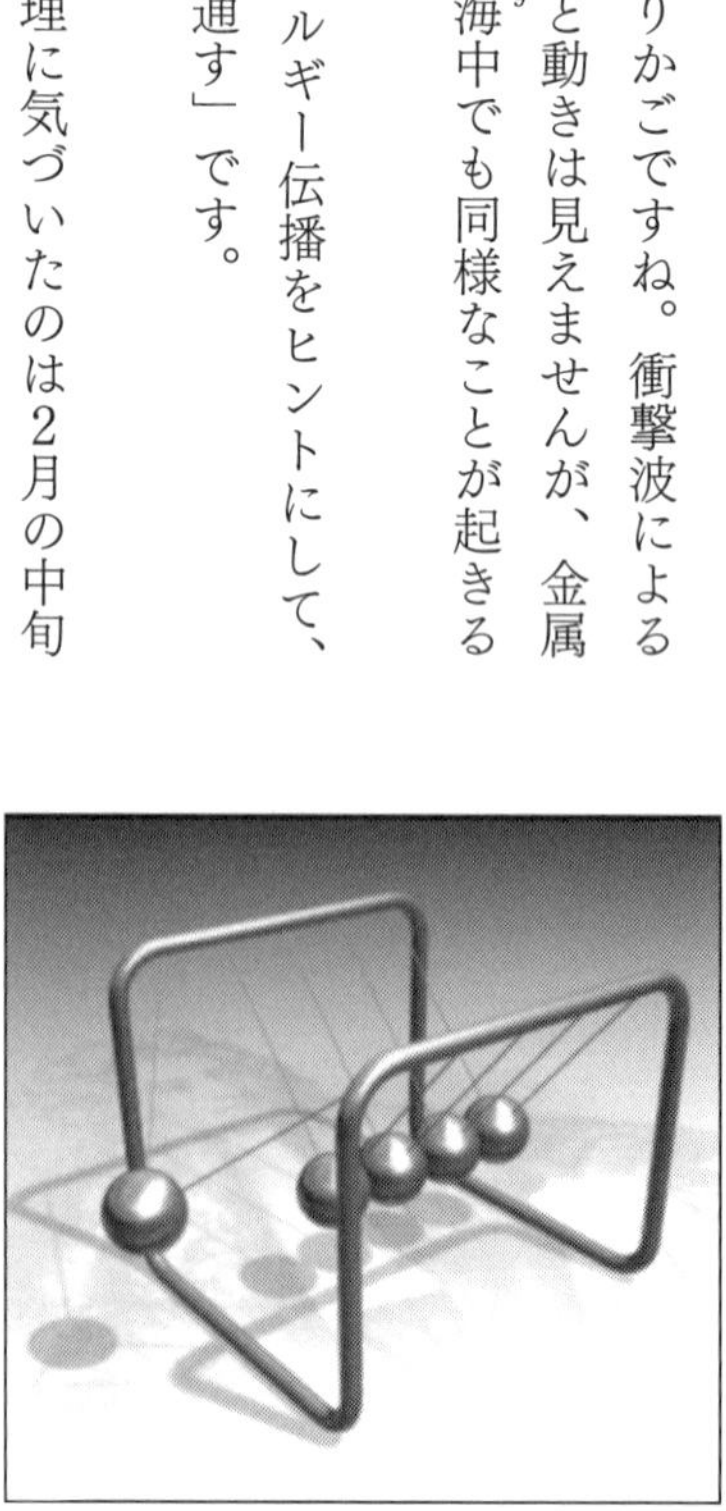

なわれた）

甲野　そうなんです。これに気づくまで、2月の初めから2週間くらいは「吹き矢」のように手が胸郭の息で吹き飛ばされている感覚でおこなっていました。しかし、その感覚では、技にバラツキがあったんです。できるときもあるし、まるでできないときもある。津波の原理という考えに至って、ようやく安定的にできるようになりました。拳は相手にやわらかく当てているんですが、意識としてはその向こう側に抜けるような感覚です。これも、一種のフロー状態になっているのだと思います。

前野　ふうむ。

甲野　これを別の角度からいいますと、浄土宗や浄土真宗の信徒の方が「[10]弥陀の本願信ずべし」と確信を得たとき、またキリスト教徒が「神の存在を実感する」ことと、重なっている気がするんです。

前野　ああ。なんとなくのイメージですが、わかる気がします。もう少し詳しく解説していただけますか？

甲野　身体の感覚でいうと、拳を肉体的にぶつけようとすると払わ

9―海中での衝撃波の伝播　水深の深い外洋では、衝撃波は最高時速800キロで移動するといわれる。衝撃波によるエネルギーの伝播の場合は、水面の上昇は少なく、海上を航行する船上では気づかないほどだという。

れてしまう。ところが、ふわっと、コバンザメがサメの腹にくっつくようにしているだけなのに、その腕のなかを何かが吹き抜けていくような感覚があると、できる。津波でいえば、震源地は足が一歩、相手に近づくことだけなんです。それが、わたしの身体のなかを伝わって、相手に拳を止められたとき、威力が発揮される。

では、ただたんにふわっとやわらかく拳を出すのと「響きを通す」の違いはどこにあるのか。それをコントロールしているのは、意識なんです。意識が切り替わると、響きが通る。その感覚が、本願他力を信仰する人が「弥陀の本願信ずべし」と確信するのに重なる気がするんです。最近は神や阿弥陀如来を心から信じるというのは、こういうことかなと思ったりします。

先日、練心庵でこの話をしたら、その場に来られていたある僧侶の方に「信仰の世界を体感を通じて感じさせていただいた気がします」と同意していただきました。

前野　ほお。興味深いですねえ。

甲野　じつをいえば、自分でもどうやって切り替えているのかわか

10―弥陀の本願　浄土三部経のひとつ『大無量寿経』に説かれる阿弥陀如来の48の誓願の第18番目の願。「命あるものすべてに対して極楽浄土に生まれたいと思い阿弥陀の働きをそのままに受け取り信ずる者は必ず浄土に生まれさせる」ことを誓う阿弥陀如来の根本の願い。

らないんです。たとえば、自転車に乗れる人と乗れない人がいるでしょう。そして自転車に乗れるようになった人が、乗れない人のフリを自然にやるのは難しい。どうやっても乗れてしまいますから、乗れないフリをしてもわざとらしくなってしまう。ところが、わたしは「響きを通す」をおこなうことも、普通に突くこともできるんです。いやむしろ、現在でもそのほうがやりやすい。わざとらしさもなく、フリでもなく、ごく普通にやれば、「響きを通す」ではない「突き」もできてしまう。だから、自転車に乗れる／乗れないとはまったく違うことなのです。とにかく、これが本当に不思議で、なぜできるのか、なぜ自在に切り替えられるのか、よくわからないのです。

前野 自分でもわからない、というところが興味深いですね。まさに無意識がやっている、と。さきほどの刀を避ける、影観法と通じるところもありませんか？

甲野 たしかに関係はありそうですね。ただ、さきほどおこなった影観法の場合は、意識が「表の意識」と「もうひとつの意識」に完全に分かれているのが、自分でもよくわかります。でもこの技の場合、意識は別に分かれていなくて、何か違う世界に入っている感じがしています。普通に突く動作とはまるで違う意識になっているから、相手の向こうに抜けていく。そういう感覚です。

無意識の予測を裏切る「生体起震車」

甲野　もう少しわかりやすい技もお見せしましょうか。「生体起震車」と名づけているものです。起震車というのは、地震を人工的に疑似体験するための振動装置のことです。いわゆる「地震体験車」ですね。これを人間が生身の身体でやるんです。

前野　たしかに、振動する地震体験車のような動きですね。

甲野　はい。この技の原理はわかりにくいものではありません。上下の振動をしているところに、前後の振動を加えています。たったそれだけのことで、相手はどこを見たらいいのかわからなくなり、目が泳いでしまうんです。

前野　（実際に受けてみる）突然やってくるような感覚ですね。

甲野　前後の振動に、上下の振動が混じった状態で近づかれると、どこを見ていいのかわからなくなる。電波障害で、アナログテレビの画面が砂嵐になるような、画面がゆがんでしまうような状態。普通は相手が攻撃する瞬間、身体のどこかが止まるんです。足を踏ん張ったり、手を振りかぶったりして、どこかが止まる。でも、全部が動いていると、一瞬、視覚が迷うんです。

前野　たしかに唐突な感じがします。なんだか得体の知れない怖さを感じます。

甲野　そうですね、唐突感があると思います。

前野　反射も関わっていそうですね。顔に何かが近づいたら目をつむるとか、押されたら押し返すとか、人間には眼の前で起きた状況に対して、反射的に出る本能的な動きがあります。その予測と違うことが起きると混乱してしまう、ということですか。

甲野　ええ、人間が無意識下でおこなっている予測を裏切られるのだと思います。攻撃のときには大きく動くところと、そうでないところができる。それを攻撃される側は読んで対応しようとするし、攻撃する側は、いかにそのあたりをわからなくさせるかを工夫して

上：相手と対峙する。通常は攻撃する瞬間に身体のどこかが止まる。　**下：**前後の振動と左右の振動を加えた「生体起震車」は予測不可能。

いるのだと思います。

前野　そうですね。

甲野　大リーグで活躍している優秀なバッターでも、煙幕のなかからいきなり飛び出してくるボールは打てません。ピッチャーの投球モーションを見ているから、球の来るタイミングや軌道の予測ができる。この予測がなければ、いい感じで打つことは不可能なのです。ですからバッティングセンターのマシンもそうした仕組みになっています。以前はボールを拋《ほお》るアームを見せていましたし、現在ではピッチャーの投球フォームのアニメーションを同期させて表示したりしています。あれがズレていたら、相当、打ちづらくなるでしょう。つまり、人間は予測していないと、円滑な行動ができないんです。

前野　そうですね。脊髄《せきずい》での制御は高速です。たとえば信号が手から脊髄まで来たところでまた手に信号が戻っていく、無意識的な制御系。これを脊髄反射といいます。一方で、信号が大脳まで行く行動には相当時間がかかります。大脳で意識的に判断して筋肉が動くまでには0コンマ何秒かかかる。だから、ボールが急に出てきたら、意識して考える運動では対応できないでしょう。

甲野　野球を見ていると、打ちにくいボールは球速や変化の大きさだけが理由ではないことがよくわかりますよね。チェンジアップのようなタイミングを外す球もそうですし、変則的なアンダースロー投手がときに凡打の山を築くこともある。ずいぶん昔ですが、メジャーリーグの有名な打者に女子ソフトボール選手の球を打ってもらうという実験がありました。まるで打てなくて「女性にこれが打てるのか」とその選手が驚いたそうです。

前野　ああ、なるほど。

甲野　ソフトボールは、腕をグルグル振り回し、最後に手を腿に当てて急ブレーキをかけるようにして球を下から抛ります。硬式野球の感覚ではまるでタイミングが合わないし、軌道も捉えられないわけです。

前野　慣れれば、つまり、習熟すれば、打てるんですよね？

甲野　もちろんそうでしょう。現にソフトボールの選手は打っているわけですから。わたしたちは無意識のうちにすべてを予測して、対応しているという一例ですね。そうでないと速やかには動けない。

古の武術家がつかっていた身体運用の回路

前野　甲野先生はこうした驚くような技を、古い武術のなかから見つけ、さまざまなアイデアを加えて再現なさっているわけですよね。どうして、新しい武道、つまり一般的な武道では、そうしたものが失われているのでしょう？

甲野 たぶん、昔の武術家は、今とはまるで違う身体運用の回路をつかっていたのだと思います。わたしだって昔の人に比べられたら、お話になりません。ただ、まあ少しは昔のすごいレベルの人たちに近づければいいかな、と思っていろいろ工夫はしています。

前野 違う回路、ですか。

甲野 ええ。現代の武道は、ほかのスポーツと同じで「勝つ」ということが至上の命題になっているでしょう。

前野 なるほど、今の武道は、近代西洋型のスポーツと似てきたというわけですね。でも、かつては違っていた。そこに、現代の武道と古武術の違いがあるのでしょうか。

甲野 はい。かつての武術は「生き残るための技術」そのものだったはずです。とんでもなく切実で、厳しいもの。一歩間違えば、死ぬこともある。だから、そうならないよう、非常に高いレベルの技を追い求めた。それと同時に、もし、やられてしまうのなら、納得して死にたい、という気持ちも強かっただろうと思います。つまり「どう生きるか」ということを、本気で追究していた。そういう覚悟だからこそ生まれたものが武士の道徳だったとわたしは考えています。もっとも江戸時代も中期以降になると、覚悟も何もない、ずいぶんといい加減な武士もたくさんいたようですが、すごい技と覚悟をもった人たちが現代よりは、はるかに多くいたと思います。

前野　「どう生きるか」と「どう勝つか」が同じだった。

甲野　いや、まあ勝つとは限りませんから、「負けるかもしれないけれど、それはそれとして思いを残さずに、納得して死にたい」という思いが強くあったと思うのです。

前野　現代の武道は、負けても死ぬことはありませんね。そして勝てば金メダルをもらえたり、社会的・経済的な成功が得られたりする。いわゆる「ゲーム」です。たしかに、まるで違うものですね。

第2章のリマインダー

❖打ち込まれる刀を「ギリギリで避けよう」と意識すると、避けられない。
❖コントロールできるのが意識、コントロールできないのが無意識。
❖無意識的に身体や脳が動く「習熟」「危機感」がフロー状態に入るためには重要。
❖人間は無意識下でおこなっている予測を裏切られると混乱する。
❖人間は無意識のうちにすべてを予測して動かないと円滑に行動できない。
❖生き残るための技術＝古武術は現代とは違う身体運用の回路をつかっていた。
❖「納得して死ぬ」ために「どう生きるか」にもこだわったのが武士の道徳。

第3章
わたしたちは「人間」をまだ知らない

原理を疑い、実感を深める

前野　甲野先生にお会いするのはこれが3回目ですが、その度に「新しく気づいたこと」をお話ししてくださいますね。もう熟練の域に達しておられる方の多くは、かなり前に習得した技術や知見の話をされることが多いのに対して、今も発見し続けておられることが、意外に感じます。

甲野　まあ、古人に比べれば、まだまだあまりにも低いレベルですから、そこを何とかしたいと、常に技のことを考えているような生活です。ですから、どうしてもそうなるんです。先刻お見せした「響きを通す」は今年になってからできるようになったものですが、さきほども申しましたとおり、自分でもなぜできるのか、まだよくわかりません。だから「こうなってて、こう」という言い方になってしまいます（笑）。この技をおこなうとき、自分の意識がパッと切り替わっていることだけはわかるんですが……。

前野　どうやって見つけていくんですか。試行錯誤をしているうちに、フッと気づくのですか？

甲野　技については、だいたいそうですね。「響きを通す」は、わたしが今までに気づいてきた技と術理のなかでも特異なもので、明らかに今までのものとは質的に違います。

前野　そうなのですか。

甲野　今年の1月30日に最初のきっかけがあって、それからは日を追うごとに気づきが深まっていった、という感じです。

前野　どのあたりが「最大の気づき」なのですか。わたしのような素人には、ほかの技も同じくらいすごいもののように見えます。

甲野　たしかに去年1年間は、影観法を「これはわたしの人生最大の気づきかもしれないぞ」と思って研究していました（笑）。とはいえ影観法は、表とは違う別の意識という「我ならざる我」が働くということで、ある程度説明がつきます。でも「響きを通す」は、なぜできるのか、正直にいえば自分でも謎のまま。だから本当に興味深いんです。

前野　わからないのにできる、という感じなのですか。

甲野　ええ。さきほど、この「響きを通す」は、「津波の原理」と説明しましたが、あれは自分を納得させるための仮説のようなものです。厳密にいえば、何が起きているか、まだわかっていません。たぶんこのさき、この技も術理も変化していくでしょう。

前野　原理がわかっているわけではない。

甲野　そうです。この世の中には、原理ははっきりしないけれど、現実に起きているから受け入れているという事象は少なくありません。たとえばヘリコプターがなぜ安定的に飛べるのか。さまざまな説明がされていますけれども、本当のところはまだわかっていないようですね。測定機器が進化したことで、従来の航空力学でつかわれてきた[1]「揚力」という説明では不十分ではないかということがわかってきたようです。でもまあ、実際には飛んでいますから、今さらヘリコプターに「飛ぶな」とはいえません（笑）。

前野　そうなんですね。たしかに流体力学の原理や法則の多くは、理論からスタートするのではなく、実験結果として得られたデータを積み重ねることで、進歩してきた面が大きいと思います。実験式（実験データに合わせてつくられた式）というのがまだたくさんあります。わたしのかつての専門のひとつであった潤滑理論（摩擦、磨耗に関する理論）もそうです。つまり、物理学や機械工学では、現実に起こっている現象を、理論が後ろから追いかけているところがある。厳密な意味では理由のわからないことが科学や工学にはまだまだたくさんあります。

甲野　電気もこれだけ利用されていながら、「トンネル効果」[2]とかわからないことがあるようですね。わからないことは多いですが、武術の技についても「どうしてこうなるんだろう」と原理を追究することは大切で、原理らしいものがあれば、技が安定しますし、そ

1―**揚力**（ようりょく）流体中を運動する物体の進行方向に対して垂直に働く力。

2―**トンネル効果**　本来、通り抜けられないはずの壁を、ある確率で通り抜けてしまうことを指す、量子力学の世界に特徴的な現象。原子や電子のもつエネルギーが不確定で、ある瞬間には壁を通り抜けてしまうほど大きくなることがあるためとされる。

こからまた考えを展開できます。ですから、わたしも日々考え続けています。でも、その一方で「原理はこうだ」、「これこそが理論的に正しい」とさきに決めつけてしまうことの弊害も感じるんです。

前野　そうなんですか？

甲野　たとえば、現在の剣道は「これこそが正しい剣道だ」という原理の体系になっています。しかし、そのなかには根拠がはっきりしない思い込みのようなものがいくつもあり、それらがわたしには疑問なのです。そのひとつが足のつかい方です。宮本武蔵はその著書『五輪書』のなかで「踵《かかと》を強く踏むべし」つまり「足はかかとをしっかり床につけよ」と教えています。ところが、今の剣道では、つま先立った足づかいを「正しい剣道」としている。宮本武蔵の教えに反しているわけですが、わたしもかかとをつけないと竹刀に重さが乗りにくいという実感があります。それ以外にも、現在では竹刀は両手の間を離してもちますが、昔の伝書などを見ると両手を寄せてもっている。わたしも両手を寄せて竹刀をもちます。竹刀よりも重い真剣の場合、両手を寄せて腕をつかわないようにしないと、瞬時に重い真剣を変化させるのは難しい、とわたしは思います。

前野　なるほど。「〇〇こそが正しい」と認定してしまうと、そこで進歩は止まりますね。体系化されていなくて進歩し続けるのが甲野先生の武術、体系化された結果進歩が止まった、ないしは極めて遅くなったのが現代の武道や現代のスポーツ、ということでしょうか。

甲野　いやいや、もちろん現代の武道でもスポーツでもいろいろ工夫や研究をしている方はたくさんいらっしゃると思いますが、その工夫の前提となる「基本」などについて各人実感がないまま、頭で考えた理論だけを正しいと思い込んでしまうと、おかしなことになるのではないでしょうか。少なくとも自分自身の実感を手がかりに「その原理や原則は本当に正しいのだろうか」と検証し続ける視点はもっていないといけない。わたしは、自分の技だって本当に正しいかどうかはわからない、と常に思っています。

前野　ああ、それは非常に大切な姿勢ですね。学問にも、生き方にも、通じます。正しいかどうかわからないと思うからこそ進歩・成長する。

原理は不明、しかし効果はある

甲野　実際、科学の枠を集めた工学の世界でも、従来の原理や理論が揺らぎはじめているでしょう？　自転車の設計をしている専門家の話では、現在は膨大なシミュレーションによって理想の自転車の形状を決めている。その結果、性能は高まっているのですが、「どうしてそれがいいのか」については、うまく説明できなくなっているそうです。

前野　それはありますね。とくに[3]ディープラーニングをおこなうＡＩが導入されるようになり、その傾向はさらに強まっていると感じます。チェスや将棋よりもずっと複雑な囲碁でさえ、ＡＩは人間のトップ棋士を超えてしまった。しかし、ディープラーニングはニューラルネットワーク[4]を学習させるものなので、数式で解く場合と違って、中身はブラックボックスです。ニューラルネットワークの結合の重みを学習させているだけであって、理論式はない。生物の脳と同じです。だから、なぜ勝てるのか理由はわからない。もう誰も説明できなくなっています。

甲野　ＩＢＭのつくったスーパーコンピュータ、「ディープ・ブルー」[5]がチェスの世界チャンピオンに勝ったとき（１９９７年）は「囲碁で世界トップを超えるには、まだ１００年以上はかかるだろう」といわれていました。組み合わせの数が桁違いですから、まだまだ遠い未来のことだろうというわけです。ところが、実際は20年かかりませんでした。

前野　ええ。

甲野　しかもそのＡＩ同士が猛烈に戦っているから、さらに、どん

3｜**ディープラーニング**（deep learning）人間の脳神経回路を模したニューラルネットワークを多層化し、大量の情報から、その特徴を抽出、分析する手法。画像認識、音声認識などに強く、人工知能の性能を飛躍的に進化させた。深層学習。

4｜**ニューラルネットワーク**（neural network）シナプスの結合によりネットワークを形成した人工神経が、学習によってシナプスの結合強度を変化させ、問題解決能力をもつようなモデル全般を指す。

5｜**ディープ・ブルー**　当時のチェス世界チャンピオン、ガルリ・カスパロフに勝つことを目標とし、ＩＢＭが１９８９年から開発を開始したチェス専用のスーパーコンピュータ。１秒間に２億手を検討する能力を誇った。

どんどん強くなっている。

前野　機械は人間と違っていつまでも飽きずに学習し続けます。しかも、スピード面では人間よりも桁違いに速いので、もはや人間には追いつけない速さで進歩し続けています。ただし、原理はわからないけどできる、理由はわからないけど勝てる、という面では、機械が人間や生物に似はじめている、ともいえそうです。

甲野　そうした人間的な部分にまで、ついに機械が参入してきた。もしかしたら人間にとって最後の聖域は「運命は決まっていて同時に自由である」という矛盾の両立なのかも、という気がします。

前野　なるほど。現在のＡＩは、まだ矛盾のある命題を解くことはできませんからね。

甲野　あるいは、天才的なＡＩはその「矛盾すら併立させて存在する」ことも成し遂げるのかもしれない。そうなるのだとしたら、それはターミネーターのような存在になるのかもしれません（笑）。

前野　原則として、現状のＡＩでは論理を超えたものは解けないはずです。ただ、想像ですが、研究段階にある量子コンピュータ[6]が実

6｜**量子コンピュータ**　従来の一般的な古典コンピュータは情報の単位を「ビット」（bit）とし、「0」か「1」の状態を取ることによって、2進数で数を保持し、演算をおこなう。0または1のどちらかの状態を表すことができるが、2つ以上の状態を同時に表すことはできない。一方、量子コンピュータは「量子ビット」（qubit；quantum bit）により、重ね合わせ状態によって情報を扱い、2つ以上の情報を同時に表すことができるため、高速で効率的な処理が可能。

7｜**弁証法**　（dialectic）世界や事物の変化や発展の過程を本質的に理解するための方法、法則を表す哲学用語。現代ではヘーゲルが定式化した弁証法及びその継承者であるマルクスのそれを指すことが多いが、用語自体は古代ギリシャ時代から存在し、元来「対話・弁論の技術」の意味であった。

現されたら、解けるかもしれません。なぜかというと、そもそも量子は決定論的ではなく、矛盾を包含していますから、矛盾のある問題を解くには向いているような気がするからです。

それから、弁証法[7]や、即非の論理[8]など、古来、矛盾を含む論理というものがなかったわけではありません。弁証法とは、正反合。ある判断（定立）と、それと矛盾する判断（反定立）という正反２つ、二項対立型の一般的な論理を超えて、両者の合一をも考える論理体系です。即非の論理は、禅の思想のひとつで、鈴木大拙[9]が述べた「山は山にあらず、故に山なり」という矛盾の論理。あるいは老荘思想。道はすべてでありゼロであると論じます。仏教の「色即是空空即是色」も同じですね。ないけれどもある。あるけれどもない。まさに、甲野先生がおっしゃっている「運命は決まっている、そして同時に自由である」に通じる考え方です。これらを組み込めれば、矛盾を扱えるＡＩは可能になるのかもしれません。

8―即非の論理　日本の代表的仏教学者、思想家である鈴木大拙の独創的な理論。「ＡはＡにあらず、ゆえにＡなり」といった矛盾を積極的に肯定する、東洋思想のエッセンスともいうべき思想。

9―鈴木大拙　（すずき だいせつ／１８７０～１９６６年）日本の禅文化を海外に広く知らしめた仏教学者（文学博士）である。１９４９年に文化勲章受章、日本学士院会員。

人間に備わる潜在的な能力

甲野　原理がわからないといえば、全盲のマジシャン、リチャード・ターナーという人がいるんです。アメリカ人で、以前はカジノで活躍していたのだとか。彼の目がまったく見えていないことは医学的に立証されています。それなのに手にしたカードが完璧にわかるし、誰にも真似できないマジックを披露する。すごいですよ。

前野　マジックなのだからタネはあるのですよね？　それとも目が不自由なことで、それ以外の感覚が発達しているのですか。

甲野　世界で彼にしかできないカードマジックがいくつもあって、そのタネは誰にもわからないそうです。一流のマジシャンたちが、「なぜそんなことができるのか」と首をひねっている。本人は「触れただけでわかる」といっています。目が見えないぶん、触覚がものすごく発達していて、手のひらから、常人では考えられないほど多くの情報を受け取れるのだとか。ですから、あまり握手はしたくないそうです。感覚が乱れてしまうのでしょう。

前野　興味深いですね。「ただのマジックだろう」と片づけること

10―**小関勲**（こせき　いさお／1973年〜）バランストレーナー、小関アスリートバランス研究所代表。MARUMITSUボディバランスボード、ヒモトレを発案。オリンピック選手、プロスポーツ選手を中心にバランストレーニングや身体のつかい方を指導。日本体育協会認定コーチや東海大学医学部客員研究員・共同研究者も務める。

も可能かもしれませんが、人間の脳にはとてつもなく膨大な情報を得る力があることはたしかです。こうして座って話しているあいだも、部屋の明るさや空気の流れ、室温、湿度、周囲の物音や椅子の触り心地、振動、さらには相手の表情の変化、自分の体調、感情といった膨大な情報が常時、脳には送られており、無意識のうちに処理されている。逆にいえば、我々はその大半をつかっていない、もしくは、意識することができていないんです。だから、ターナーさんが視覚以外の情報を動員することで、驚くような能力を発揮できている可能性は十分にあると思います。

甲野　そうですね。人間には、潜在的な能力や未解明の機能がまだいろいろとありそうです。ただ知らないだけ、また、かつては身につけていたが、現在では退化してしまっているものもあるでしょう。さらに原理が未解明なだけで、誰にでも備わっているものもあると思っています。バランストレーナーである[10]小関勲さんによって開発された、「ヒモトレ」もそうしたもののひとつです。

前野　ヒモトレ、先日の講演で拝見しました。原理はまったくわかりませんが、あれには驚きました。「科学的に説明できない不思議なこと」って、ありそうでなかなかない、というのがわたしの実感です。あったと思ったら、プラセボ（偽薬効果。薬でなくても患者に薬だと伝えるとかなりの効き目が生じるという効果）や勘違い、思い込みだったりします。本当らしく見えても、再現実験をしてみると、確率的に有意さを検証できないことも多々あります。脳の特殊な状態だったり、スピリチュアル的な効果や迷信だったりもします。だから、わたしはこれまでの生涯で、「科学的に説明できない不思議なこと」に遭遇した、と思ったことはほとんどないんです。しかし、ヒモトレは「不思議を目の当たりにした」といわざるを得ません。

ただのヒモを巻くだけで身体が変化する

甲野　せっかくなので実際にやってみましょう。いろいろな巻き方があるんですが、我々「ヒモトレ」を研究している者がデモンストレーションでよくやるのは、膝に巻いて立ち上がりやすくするものや腹部に巻く方法です。後者はへそのあたりにヒモをゆるーく巻くだけ。たったこれだけで姿勢が劇的に変わり、立ち方がしっかり安定する。両手を前に出していただいて、わたしが体重をかけると違いが実感できます。巻く前はグラつきますが、ヒモを巻くとビクともしないはずです。

前野　（ヒモを巻いた途端にグラつかなくなる）たしかに安定しますね。どうなっているんだろう。

甲野　ポイントは丸ヒモであること、まったく締めつけず、ずり落ちないギリギリくらいにゆるく巻くことです。上着も着たままでかまいません。分厚いダウンジャケットを着ている上からでも問題ない。だから、縛ることで姿勢を矯正しているわけでは全然ないのです。それなのに、なぜか姿勢が良くなって、身体が安定する。座っていても効果がありま す。これまで2000人くらいは試しましたけど、成功率は100％です。例外はただの一度もありませんでした。

前野　不思議ですねえ。

甲野　腰痛持ちの方がこれでずいぶん楽になったという話もよく聞きます。足指から足首にかけて巻くと、捻挫していた人などの足の痛みが一気に軽減するので驚かれます。眠るときに腹部に巻くと、夜中に何度もトイレに起きていた人が、起きる回数が減る。なぜだかはわかりませんが。

前野　以前講演でご紹介いただいたときは、会場にいた斜視の方にヒモトレをしておられましたね。あれも衝撃的でした。

甲野　頭に巻くやり方ですね。通常の鉢巻きよりゆるくヒモを巻きますが、このとき巻くヒモは、丸ヒモを鎖編みにすることで、さらに効果が出るようです。

前野　いちばん前の席で拝見していたのですが、ヒモを付けた瞬間、みるみる目の位置が変わって、正常な状態になった。ヒモを外すと、少しずつまた元に戻っていく。信じられない光景でした。

甲野　はい。どういうわけか、そうなるんです。

前野　つい最近、その人に会ったんです。そうしたら「ヒモトレでコツがわかったから、自分で目の位置を直せるようになってきました」といっていましたよ。

甲野　それは良かった。音楽家の方々を指導するときにも、ヒモトレは好評です。それまでできなかった難しいギターのコードが、初めて押さえられるようになったと感動されたこともあります。ピアノなどは指から手首にかけて細い丸ヒモをクモの巣状に巻きつけると、これを巻く前と同じ人が弾いているとは信じられないほど変わったりします。

前野　不思議ですねえ。

甲野　不思議だけれども、たしかに効果がある。そして、なにより、特別な道具や修行がまったく必要ない。ここがヒモトレのいちばん驚かれるところだと思うんです。つまり、ごく一般的な人にも、「こんな超常的ともいえるほどの力が自分に備わっていたのか！」ということを教えてくれるわけですから。服の上から、ゆるく丸ヒモを巻けば誰がやっても有効です。誰でもどこでもすぐに確かめることができる。ところが、平ヒモでは効果が出ない。これも実際にやれば誰でもわかります。どう考えても皮膚がその差を感じられるとは思えないほど厚着であっても、誰もがそのように反応します。

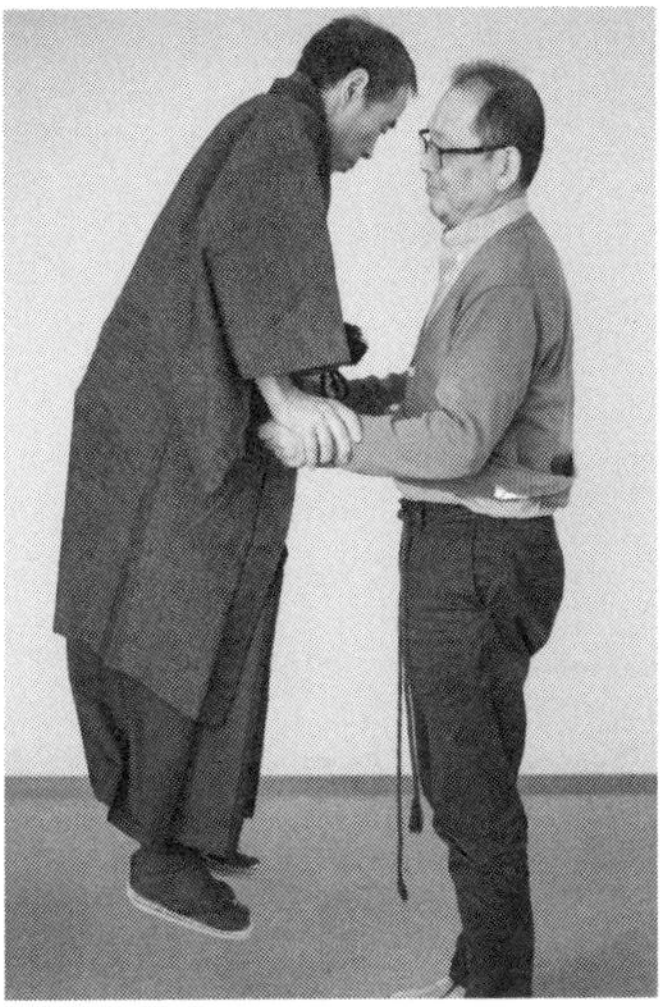
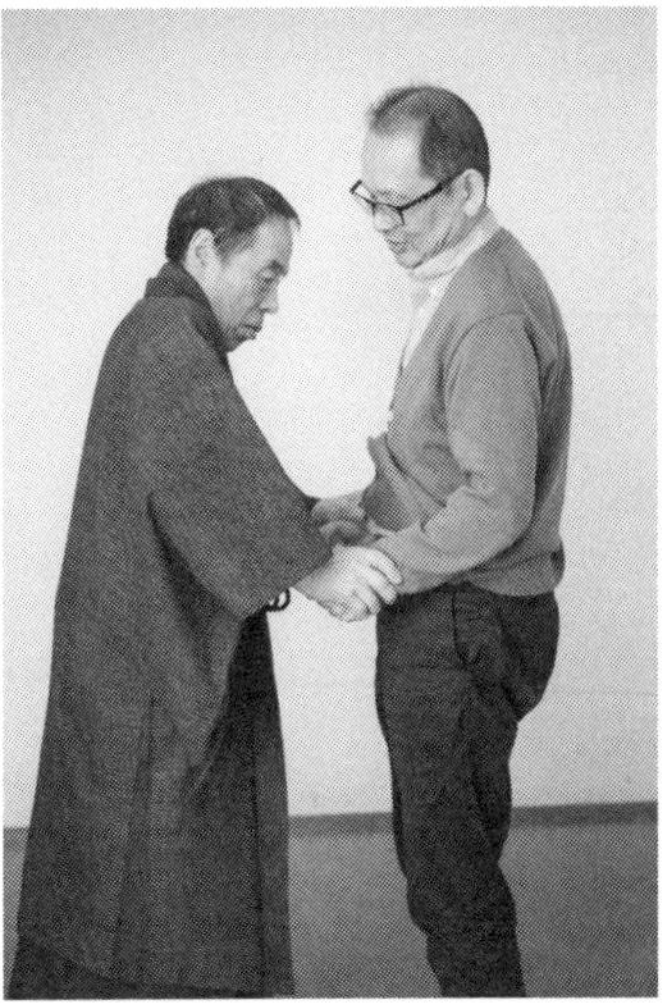
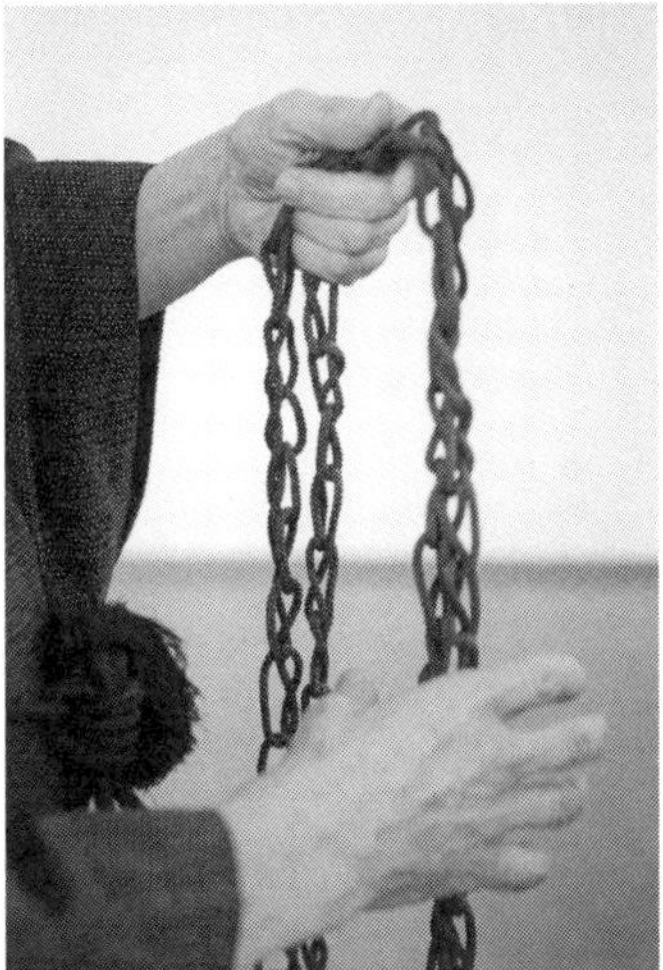
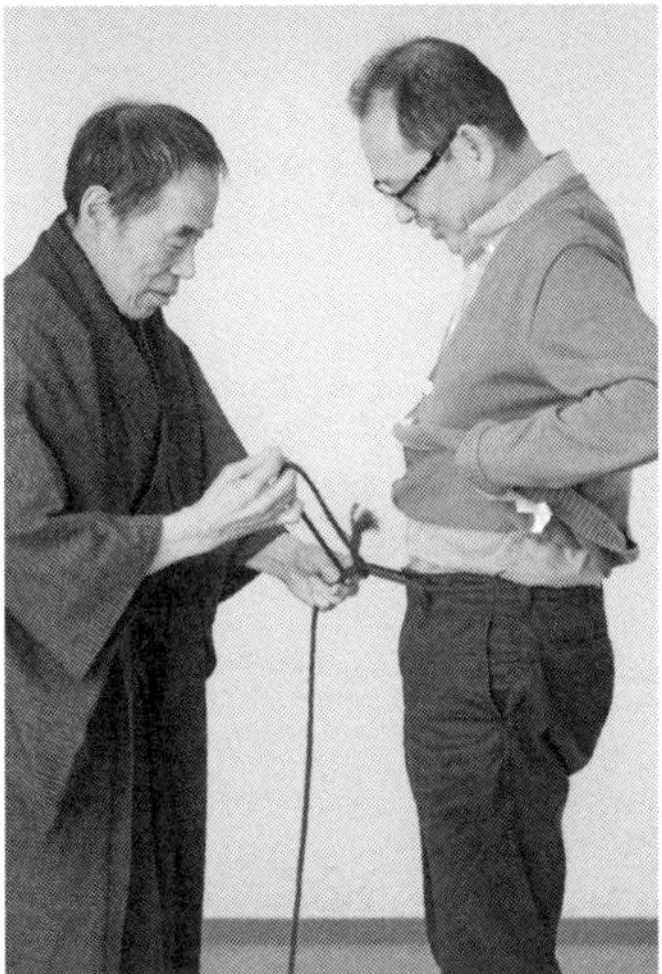

上右：ヒモを巻かない状態では、上から押さえつけられてしまうが……。　**上左：**丸ヒモを巻くと体幹が安定し、押さえつけてくる人をもち上げることもできる。　**下右：**ヒモをズボンのベルトループに通すと、まったく効果が出ない。　**下左：**鎖編みにした丸ヒモは、場合によっては、普通の丸ヒモよりさらに効果が高いことがある。

前野　そうなんですか。まだ、科学では解明されていない、あるいは、説明できないことが、じつはわたしたちの身のまわりにたくさんあるんでしょうね。

甲野　よく「人間にはすごい能力が眠っているんだ」というけれど、それを手軽に実感してもらったり、証明するのは難しい。でもヒモトレはごく簡単に道具が手に入るものですから、多くの人に「人間の潜在能力にはすごいものがある」と納得してもらえます。

ヒモトレには繊細さとアバウトさが同居する

甲野　ヒモトレは、山形在住のバランストレーナーである小関勲さんが発案したものですが、その後、これを知ったさまざまな人がそれぞれに実践したり、工夫を加えるようになっています。有効なのは丸ヒモで、通常の鉢巻きやベルトのような平ヒモだと効果はほとんどないことも、そうした実践を通じて明らかになったことなんです。

前野　平らなヒモだと、なぜダメなんですか。

甲野　理由はまるでわかりません。一時期は、平ヒモは接点が面で丸ヒモは接点が線になるので、そういうことも関係しているのかと思ったのですが、鎖編みにした丸ヒモは、場合によってはさらに効果があることを、わたしの知り合いの熊本の整骨院の院長が発見しましたから、さらに検討が必要になってきました。

前野　鎖編みがなぜ有効なのか、その理由も……。

甲野　もちろん不明です。ワケがわからない（笑）。おもしろい実験があるんです。やってみましょうか。ズボンにベルトはしていらっしゃいますか？　では、まずそのベルトを抜いて、ベルト通しのループというんでしょうか、そのループの上からヒモを巻いてゆるく結びます。そうすると、姿勢が安定しますよね（姿勢が安定することを確認する）。

では次に、この同じ丸ヒモを、今度はズボンのループを通しながら、身体に巻いてみてください。そして、さっきと同じようにわたしが体重をかけてみます。

前野　（よろめく）あれ？　まったく安定しませんね。

甲野　そうでしょう。どうやらベルトのループを通すと効果がなくなるようなんです。ワケがわからないでしょう（笑）。

前野　いやあ不思議だ。

甲野　ズボンの細いループの上からヒモを巻くのと、そのループを通して巻くのとでは、ズボンにかかる圧力なんて、人間にわかるほど変化するとは思えませんよね。でもわかるようです。こんな微細な違いに反応する一方で、丸ヒモの太さは、5ミリから8ミリくらい。二重に巻いてもOKで、わりと融通が利く。つまりヒモトレには、繊細さとアバウトさが同居している。科学的な検証が難しいのは、このあたりにもあると思います。

前野　たしかに原理を探る手がかりが見えませんね。だからこそ興味深い。

甲野　論理で捉えようとすると、ワケがわからない（笑）。何の根拠もないように思えます。ですから、ずっと「例外の人がいるんじゃないか」「もしかしたら暗示の一種ではないか」と思いながら、運動神経のなさそうな人、懐疑的な人にも積極的に試してもらったのですが、いまだに例外はありません。試した人が２００人を超えたあたりで「これはたしかだ」と確信しました。原理はわからない。経験的にこうなるとしかいえない。でも、たしかなんです。

前野　本当にわからないですね。解明するのは難しいかもしれませんが、研究してみたくなります。科学では解明されていない何かが効いているのか、あるいは見落としているけれども科学的にはすでに解明されている何かが効いているのか。いろいろな可能性がありそうです。再現性はあるわけですから、再現性のない擬似科学と違って、科学的検証ができそうな予感はします。

甲野　昔から、腰や頭に縄のようなものを巻く文化は世界中にあり

11―**クロード・レヴィ＝ストロース**（Claude Lévi-Strauss／１９０８～２００９年）フランスの文化人類学者、民族学者。アメリカ先住民の神話研究を中心に研究をおこなった。60年代から80年代にかけて、一世を風靡した「構造主義」の祖とされる。

12―**浜島 貫**（はましま とおる／１９７６年～）代々続く治療家の家に生まれ、その実践のなかで「ヒモトレ」や「脱ゴム紐」と出会い、現代人が抱える数々の問題にその効用があることに気づき、在宅医療に応用しながらこれらの啓蒙活動もおこなう。

13―**安田真行**（やすた まさゆき／１９７４年～）ＹＡＳＵ－Ａ代表。２０１１年より小関アスリートバランス研究所代表の小関勲氏とバランストレーニング＆ヒモトレの共同研究を開始し、２０１３年「バランスからだ塾」を開講。

ますが、この事実はヒモのもつ効果を先人が経験則として知っていたのだと思います。

前野　そういう可能性はありそうですね。科学的には解明されていない、未開の人たちの知恵というのは数多く発見されています。たとえばレヴィ＝ストロース[11]の研究が有名です。未開社会での近親相姦の禁止ルールの研究によって、わたしたちの意識や主体性に、無意識の秩序が先行していることを明らかにしました。

甲野　特別なものではありませんが、このヒモはお土産に差し上げます。

前野　ありがとうございます。嬉しいです。いろんな人で、科学的に実験してみます。

甲野　ヒモトレは、小関勲バランストレーナーが発案し、その後、この働きと効果に関心をもった何人もの人たちの協力で進展しています。たとえばゴムヒモの問題提起や、さきほどのズボンのループのことなどは、介護現場の経験も多い、埼玉の浜島貫[12]・浜島治療院院長の発見ですし、胸と背の両方でヒモがクロスする「四方ダスキ」や指に巻く方法は広島で「バランスからだ塾」を主宰する安田真[13]行塾長が考案しました。その他にも全国で、養護学校の先生や鍼灸院、接骨院、整骨院の院長といった人たちが研究を深めています。

前野　金属ではダメですか？

甲野　どうでしょうか。まだあまり試した人もいないようですが。

前野　ふうむ。

甲野　縄跳びの苦手な子が、タスキに巻いたらすぐ100回跳べたなんていう話もあります。皮膚に直《じか》に触れる巻き方もありますが、厚いダウンジャケットや、何重にも巻いた女性の和服の帯の上からでも効果は変わらないのです。長野で初めて和服の女性の帯の上から巻いたときは「さすがにこれは無理かな……」と思ったんです。でも、まったく効果は変わりませんでした。

前野　皮膚にはまるで触れていないので、触覚ではなさそうです。巻き方もゆるいから姿勢に影響を与えそうにもない。しかもヒモの形状で効果が変わったり、ズボンのベルト用のループを通すと効果がなくなるなんて、まるで、意味がわからない。

甲野　なぜこんなことが起こるんだ！　と思いますよね。

前野　巻く場所はいろいろあるんですか？

甲野　どこでも良いわけではなくて、微妙に効果のある場所、ない場所があるようです。

前野　ああ、なるほど。そうか。原理がわからないから、あれこれ実際に試して検証していくしかないんですね。

甲野　ええ。基本はおなかですが、まあ、いろいろですね。吹奏楽器の奏者や歌手は、脇のすぐ下に巻くと肺活量が増えるといいます。巻き方はいずれの場合も、ゆるくです。キツく締めつけるように巻いたら効果は出ません。

前野　うーん。
甲野　変な話なんです。でも事実だから、どうしようもないですね（笑）。
前野　たしかに、研究者をやる気にさせる課題ですね……（笑）。
甲野　わたしの知人で、埼玉にある「こいそ接骨院」の院長の話ですが、ある日、ねんざしている小学生の男の子が来たのでその患部を診ようとしたら、身をよじって、ひどくくすぐったがる。そのとき、ふと思いついて、ヒモを巻いたら「あれ？　くすぐったくない」と、その男の子がキョトンとしたそうです。
前野　そんな効果もあるんですか。
甲野　ただし、これは、とても微妙なもので１００％とはいきません。わたしはまだ失敗例はないのですが、このヒモトレについてあまり知らない者同士だと上手くいかないことがあるようです。自分の身体をくすぐっても、くすぐったくないでしょう？　ですから、この場合には心理的な要素がかなり深く関わっているのかもしれない、ということがわかります。
前野　なるほど。現状では試行錯誤と検証をそうやって積み重ねていくしかないんですね。
甲野　そうですね。ただプラセボ効果とも違うのは、動物にも有効だということです。花火や雷の音を怖がる犬にヒモを巻くと落ち着くようですから。そうやって経験を積み上げながら、ヒモトレを通じて「人間、いや人間に限らず、生物にはまだ知られていない潜在能力がある」ということを伝えていけたらと思います。

無意識の声を聴く古来の技術「三脈探知法」

前野　ヒモトレを見ていると、わたしたちは人間の身体のことをまだわかってはいないのだな、とあらためて感じます。

甲野　古の武術の研究をしていると、人間の身体のすごさを痛感することがいくつもあります。たとえば「三脈」はご存知ですか？　自分の頸《くび》（首）に左手の親指と人さし指を当てると、左右両方の脈をとることができます。さらにその左腕の脈を右手の中指でとる。このように3つの脈を同時に診るのが三脈です。

前野　はい。

甲野　3カ所の脈は、通常はもちろん一致しています。でも命に関わるような危険が迫っているときは、これがはっきりズレるんです。もちろん科学的にはまったく解明されていないものですが、太平洋戦争の空襲のとき、どこに逃げればいいかをこれで判断したという話が残っています。それは、逃げようとする方向に向かって三脈をとってみたらズレていた。あちこち、いろいろな方向に逃げてもズレる。結局、最初にいた場所に留まっていると脈が揃うことに気づいた。それで、そこに居たら焼け残って、命拾いしたという話です。

「三脈探知法」。首の両側および左腕の3つの脈を同時に診る。

前野　それは古くからある方法なのですか？

甲野　ええ。修験道の行者や武術家に伝わる方法で、「三脈探知」とか「吟味」と呼ばれていたようです。古来、旅には危険が付きものだったのでしょう。古い文献にも、そういうエピソードが出てきます。たとえば、ある勅使が京都から江戸に向かう途中、宿泊のため本陣に着いたのですが、その勅使は、必ず脈を確かめるのを日課にしていたそうです。そして調べたところズレていたのでびっくりして、一緒に来た供の者たちにも脈を確かめさせたそうです。そうしたら、みんなの脈がズレている。「これは危ないぞ」と、ほどきかけた荷物をまとめて、すぐに本陣を発ったそうです。すると間もなく裏山が崩れて、本陣は埋まってしまった。このように、自分の命に関わる災厄を未然に察知する方法が「三脈」です。

前野　ほお。

甲野　わたしもこれまでに3回乱れたことがありますけど、あれは嫌なものですよ。そのうちの一度は、タクシーに乗っていたときでした。妙に嫌な感じがして、三脈をとってみたのです。はっきりズレていたので、とっさにドライバーに「そこを曲がってください」といって、いつもとは違うルートに変えてもらいました。すると道を曲がって10秒もしないうちに脈は戻ったんです。

前野　もしそのまま行っていたら、何か悪いことがあった?

甲野　もちろん証明することはできませんが、何かが起きたのではと思います。これも、ヒモトレと同じように、誰もが感じられる、人間の潜在的な能力なのだと考えています。

前野　なるほど。どの程度の精度があるのかはわかりませんが、緊急情報を入手することが難しかった時代、そうした危険回避の方法は非常に重要だったでしょうね。無意識のうちにわたしたちが感じ取っている「嫌な感じ」を確かめる手段として伝わっていたのかもしれません。不整脈と関係しそうですね。

甲野　今でも、災害で命を失ってしまう人は多くいます。もしそのとき三脈を診ていたら、きっとズレていたと思うのです。人間には「ここにいるのは危ない」ということを察知する能力がある。わたしはそう考えています。

前野　はい。

甲野　大勢の死者を出した2005年の福知山線脱線事故でも、事故の起こる前の駅で「この電車に乗っていると危ないよ」と周囲の人に告げて降りたおばあさんがいたということが、どこかの週刊誌に出ていたそうです。

前野 そうなんですか。知りませんでした。

甲野 その報道が本当だったか、その人がどういう方法で異変を察知したのかもわかりませんが、わたしは、人間にはそういう能力が備わっているのではないかと思っています。どこかに避難するべきか、そこに留まるべきか、判断する材料がないという場面は現代でも起こりえるでしょう。そのときのために、覚えておいて損はないと思います。

前野 そうですね。これらの話の科学的な解釈はわたしにはまったくわかりません。科学的に検証できるのかどうかもわかりません。そもそも未来を予知できるということ自体、現代科学では説明できないと思います。

無意識の感情「本心」をわたしたちは知らない

甲野 身体だけでなく、わたしたちは、自分の内面のこともまるでわかっていないのではないでしょうか。たとえば、感情。わたしは、これまでに数回、妙な感覚になったことがあるんです。そのうちの一度は20年くらい前でしょうか。わたしの武術の研究が少し停滞していたときでした。

前野 そんな時期があったんですね。

甲野　それなりに技はできていたのですが、ある夜、何かちょっと気持ちが疲れて「ああ、これ以上稽古しても、もうあまり上達することはないんじゃないかな」という思いに一瞬、とらわれたんです。すると、そう思ったその瞬間、自分のなかから「この程度で終わるのなら、死んだほうがマシだ！」という鬼のような強烈な感情が襲ってきたんです。そのときまで生きてきて一度も感じたことのないほどの強烈な感情で、そのあまりの凄まじさに、恐怖で文字どおり全身が震えました。あんなに怖かったことはその前にも、それ以降もありません。そのとき初めて「自分は心の中に、こんな鬼を飼っているのか」と驚いたんです。

前野　自分でも意識していなかった、無意識の感情が湧いたということですか。

甲野　あの現象を、どう分析していいかはわかりません。何しろあんなことはこのときだけで、あれ以来、一度も体験していませんから。しかし、その1回の体験で「自分はこんな鬼を内側に飼っているのだ」ということを思い知りました。無意識では、何を考えているのか自分でもわからない。その一端を覗いた気がします。

前野　ふうむ。わたしはそんな経験はしたことがないです。個人差があるのかもしれませんね。あるいは、自分を観察するときの精度に差があるのかもしれません。

甲野　無意識の感情については、もうひとつ、印象深い体験があります。それは、わたしが2006年に人生初の海外旅行に行ったときのことです。フランスのパリでダンスの指導をしてほしいという依頼で渡仏しました。このときは物珍しい気持ちもそれなりにあったのですが、心が凍結したようになってしまったんです。

前野　文化的なギャップのせいですか？

甲野　それさえもわからない状態で、何も感じない。奇妙なことに「日本に帰りたい」という気持ちも湧かないんです。すべてが凍結して、ただ淡々と毎日稽古場に出かけてダンサーたちの役に立ちそうな動きを教え、終わったらホテルに戻る。案内の方がときどきどこかに連れていってくれるので、それには付いていく。ただただそれだけの毎日で、その後ドイツにも立ち寄って、約10日後に成田空港に降り立ったときは「わたしはもう二度とヨーロッパに行くことはないだろう」と思っていました。自宅に戻ると国内を数日間旅行して帰ってきたような感じで、もうヨーロッパに行った記憶は遥か彼方です。

前野　それはよくわかります。わたしも海外から戻ってくると、海外での経験はあまりに日常とかけ離れているせいか、遠い過去のような、夢だったかのような感じがします。

甲野　驚きはこのあとです。ヨーロッパに行ってから1年ぐらい経ったころ、うちの近くに大きなマンションが建ちました。入居者が入り始めて、夜、部屋の明かりが灯るようになったのです。黄色がかったその光が、パリで泊まったホテルの裏から見えていた景色に似ていることに気づきました。その瞬間、猛烈にパリが恋しくなったんです。

前野　ええ！

甲野　自分でもものすごく意外で、驚きました。

前野　そうですよね。

甲野　おそらく、初めての海外で、自分でも自覚できないほど激しいカルチャーショックを受けていたのでしょう。それがあまりに強くて感覚が鈍ってしまった。交通事故に遭った被害者がじつは致命的な打撲をしているのに、事故の直後はほとんど痛みを感じなかったりするでしょう。自覚がないまま、ほかのケガ人の救出を手伝ったりして、病院にも行かずに帰宅した翌日に容態が急変するといったことがありますが、たぶんそれに似た感じで、あまりにも強いショックを受けたことで、感情が鈍くなってしまったのだと思います。

前野　トラウマになるような体験はそういうものだそうですね。あまりに衝撃的な経験をすると、それが刺激的すぎるからか、脳は記憶に蓋をする。だから本人は忘れているけれども、その影響は強く受けていて、その後の行動に大きく影響を与える。

甲野　そうだと思います。それでただただ無感動に日々を送っていたのでしょう。ところが1年経ってから、思いも寄らない感情が溢れてきた。あのときほど「自分が本当に感じていることが何かは、自分でもまったくわからないのだな」と痛感したことはありません。

前野　本当は、パリの光景に対して、恋しくなるくらいの感情があった。

甲野　ええ、それも、尋常じゃないほど強い恋しさです。今すぐにでも行きたい。パリのあの場所に身を置きたい。それくらい、たまらなく懐かしくなった。

前野　ほおー。不思議な体験ですね。

甲野　あんな奇妙な体験は、あれ以前もあれ以降もありません。

前野　心の奥から思いも寄らないものが現れ出てくるというお話、興味深いです。

甲野　わたしが現在、わたしの身体の調整をお願いして、さらには武術の技や稽古法を考えるうえでたいへん力になっていただいているのは、「整体協会・身体教育研究所」の野口裕之先生[14]という方です。そして、武術の稽古法を考えるうえでこれまで最も影響を受けたのは、野口裕之先生の父君で、整体協会の創設者である野口晴哉先生[15]です。もっとも、直接お話ししたことはなく、何度か講演会や講習会に参加しただけですが、本当に天才的な方でした。伝説的なエピソードに事欠かない人物で、そのひとつにこんな話があります。

あるとき、野口先生が中年の女性の縁談の世話をされたそうです。

14―**野口裕之**（のぐち ひろゆき／1948年～）公益社団法人 整体協会・身体教育研究所所長。父・晴哉の衣鉢を継ぎ、同協会の運営にあたる一方で、アテネオリンピック陸上ハンマー投げで金メダルを獲得した室伏広治選手らの指導などにも関わった。

15―**野口晴哉**（のぐち はるちか／1911～1976年）社団法人「整体協会」創設者。12歳のとき関東大震災を体験、被災者に手をかざしたところ多くの人が快復したことを契機に治療家の道を志す。整体操法の指導者育成機関として「整体操法協会」を設立し、療術界で中心的役割を果たす。のちに人間本来の力を引き出して健康に導く自らの活動を「体育」と位置づけ、「治療」を捨てることを決意。1956年文部省体育局より認可を受け社団法人「整体協会」を設立し、整体法に立脚した体育的教育活動に専念する。

ところがお見合いのあと、その女性は「あんな人とは絶対に嫌です」と泣き叫んだ。その場にいた全員が「これは破談だな……」と思っていたら、野口先生は「じゃあ、式の日取りだけ決めましょう。そうしたら今日はもう帰っていいですよ」とその女性に告げた。すると、その人も「はい」と答えるので、周囲はびっくり仰天してしまった。野口先生に理由を尋ねると「彼女も分別のつく年齢なのだから、本当に気に入らない相手だったら『このお話はお断りします』と冷静にいうでしょう。だから、あんなふうに感情的になったのは『断られるのが嫌だ』ということなんですよ」と当たり前のように解説されたそうです。

前野　ああ、なるほど。

甲野　女性の本心は、周囲はもちろん、彼女自身も気づいていなかったのだと思います。しかし野口先生は見抜いていたから、余計なことはいわず「式の日取りだけ決めたら、サッサとお帰りなさいよ」とだけ告げられた。本人もその一言でハッと自分の気持ちに気づいて「はい」といえたのだろうと思います。もし、誰もその女性の気持ちを見抜けずに「やはり嫌ですか?」と聞いていたら、きっと本人も「はい、嫌です」と答えてしまって、この縁談は流れていたことでしょう。これも、人間は自分の本心を知らない、ということを示す一例だと思います。

前野　それはすごいですね。本人も自覚できていなかった心を、野口先生は見抜いた。

甲野　そうですね。野口先生は「分別のある人間なら普通に断りがいえるはずだ」というところを押さえておられた。だから、その女性が感情的にうろたえた様子になっているのを見て「本心では結婚したいのだろうな」と推察できたのでしょう。でも、そこに気づける人がいなければ、本人さえ気づかなかったのですから、当然縁談は流れていた。

前野　おそらく、そうなったでしょうね。

甲野　この話を本や機関誌で読んだり、野口先生の講座で聞いたときは「そんなこともあるのかもしれないなあ」程度の感想しかもたなかったのですが、さきほどお話しした、パリに行って起こった奇妙な体験をわたし自身がしたことで「ああ、あの話もそういうことだったのか」と思い出したんです。本当に、人間の本心というのはわからないものです。

無意識のマグマを探す旅

前野　人間の動きはわかっていない。身体の機能にもまだまだわからないところがある。自分の本心さえもわからない。すると、最初のお話に戻る気がします。わたしたちは、自分のことをまるで知らないし、操れてはいなくて、不自由である。でも同時に、操った気になっている。つまり、自由でもある。甲野先生は古武術の研究や不思議な体験に注目することを通じて、そのことを積極的に感じとっておられる。

甲野　無意識や潜在的なもの、そうした人間の地下にあるマグマは、なかなかその存在がわかりません。でも、ちらちらっと地上に吹き出している火山のようなものがあるんです。そういう手がかりを長年、探し続けているのでしょうね。ですから、これまでわたしは本当に、いろんな体験をしてきました。でも、それもまたわたしの人生のシナリオとして書かれていたことといえば書かれていたことなんですよね。

前野　そういうことになりますね。

甲野　ですから、ある意味ではどうしようもないこのことを、地団駄踏んで悔しがるのもいいし、それをそのまま受け入れるのもいい。

前野　ああ。

甲野　だから、けっこう禅に近いんです。禅の公案には「やってはいけないし、やらないのもいけない」というようなものがありますよね。

前野　はい。ありますね。

甲野　たとえば「道とはどんなものですか」と弟子の趙州[16]に聞かれ

16　**趙州従諗**　（じょうしゅう　じゅうしん／778～897年）中国唐末の禅僧。幼くして出家し、60歳で修行の旅に出、80歳のとき趙州の観音院に移り、120歳で没するまでの40年間に門弟と交わした問答の多くが、後世の「公案」となった。

17　**南泉普願**　（なんせん　ふがん／748～835年）中国唐代の禅僧。『碧巌録』『無門関』に採録されている禅の公案「南泉斬猫」でも知られる。

た南泉和尚[17]は「平常心是道」、つまり「平常の心が道だ」と答えています。それで趙州が「どのように求めれば手に入りますか？」と質問すると、「求めていたら平常心ではない」と答えます。そこで趙州が「求める努力をせずにどうして道を知ることができるのでしょうか」と再度尋ねます。すると南泉は次のように答えます。

「道は知ろうとして求めてわかるものではなく、また放っておいてわかるものでもない。知ろうとするのは妄覚やたんなる観念的なものになってしまう。だからといって求めず放っておけば何もわからない。知ろうとするとか放っておくとか、そういう分別を払い捨て、知り求めようとすることをやめた世界に到達すれば、この空間が広々晴ればれとしていて、どこにも引っかかるところがないようなものだ。そうなったときは、もう道を知り求めようとするとかしないとか、そういうことを問題にすることもないだろう」と答えます。それを聞いた趙州は、豁然《かつぜん》として悟ったということです。

前野　なるほど。

甲野　武術はこういう矛盾したものの同時存在性を感じることが非常に多くあります。技の原理を突き詰めていくと、力を入れるとダメだし、入れなくてもダメということがじつに多い。ですから武術は禅と親和性が高いのだと思います。

「任せる」ということの難しさ

前野　運命は決まっているのだから、無意識や先生のおっしゃる「我ならざる我」に任せておけばいいということにはなりませんか？

甲野　たしかにそういう疑問は湧くかもしれませんが、なかなか任せられないものですよ。

前野　そうなんですか？

甲野　たとえば、電車の中で本でも読んでいて、降りるべき駅に気がつかず、もう電車のドアが開いてからハッとしてあわてて降りようとするときに、網棚から荷物を下ろし、忘れ物がないか点検しながら、「まあ降りられたらいいし、もし降りられなかったら、それはそれでまた引き返そう」と悠然としていられますか？　わたしはもう30年以上前、そういった訓練をけっこうやったのですが、そこで心が揺れないのはたいへん難しいことで、あわてて降りようとする気持ちを抑えて、ゆっくりと歩いている目の前でドアが閉まっても、落ち着いていられるというのは、なかなかできることではありません（笑）。

その一方で、人間の身体だけに着目すれば、自分の意志をつかわず、なるがままに任せることで身体は上手く働くという考え方があります。さきほどの野口晴哉先生が創設された整体協会でも「活元運動」[18]という、無意識の自己調節運動が提唱されていました。自分の意志ではなく、身体が勝手に動き出すのに任せると、悪いところが自然に調節されて良くなるというもので、中国の気功にも「自発功」といったものがあります。整体協会でもこうした自律的な身体調整運動を推奨していたのですが、痙攣《けいれん》のような奇妙な動きをしたりする人がいるので、ちょっと気味が悪い。ある会員の1人は参加しないで、いつも見てるだけだったそうです。

前野　ええ。

甲野　その人が、ある日、単身で山スキーをしていて足を骨折した。誰もいない山中で、携帯電話もまだなかった時代です。助けを待っていたら、凍死してしまう。しかしどうやっても立ち上がることができない。万事休すという状況になって、スキーを外して雪の上に寝ころんだら、突然、身体が勝手に動き出すのを感じた。「何だこれは」と思いながら、雪の上を転がりまわったそうです。何も考えず、身体の動きたいように任せたわけです。不思議な動きはしばらく続いて、やがて収まった。すると、痛みはあるものの、何とか立てるようになっていた。それでスキーを履き直して、自分で滑って下山したといいます。

18｜**活元運動**（かつげんうんどう）昭和20年代に野口晴哉が提唱した野口整体を構成する柱のひとつ。錐体外路系（すいたいがいろけい）の動きを発現させることで、身体を身体自身によって調整をさせるもの。

前野　ほお。

甲野　野口晴哉先生は昭和51年に亡くなっていますが、このような伝説的な話は、枚挙にいとまがないほど多数知られています。もちろん現代医療の常識ではありえないことばかりです。なかには「晴哉先生だからこそ可能だった」という例もあります。ただ、わたしも本当に身体に身体を「任せておく」ことで、こうした自己調節ができるのは当然だと考えています。人間の身体は、自分のことをかなり深くまで知っている。でも、わたしたちの意識がその多くを抑え込んでしまっているのではないでしょうか。

前野　ええ。

甲野　しかし、意識できないこと、科学的に実証できないことは、なかなか任せられない。スキーの事例のように、整体協会に関わっている人でさえ現実に大ケガをするまで実践することはできなかった。実際「活元運動」という自律的な身体調整法は本当に深いものをやろうとしても、なかなかできるものではありません。できていると自分では思っている人でも、貧乏ゆすりを少し大きくしたような動きになる程度から、より深く、本当に身体が必要としている動きを導き出すのは、なかなかたいへんなようです。でも、誰もいない山中で大ケガをするといった、切実な極限状態に置かれると、そうした本能的な動きが出る可能性は高まるのではないでしょうか。

前野　なるほど。

「立つ」ではなく、「座るのをやめる」

甲野　さきほど任せることは難しいといいましたが、わたしの武術の稽古法のひとつに、椅子から楽に立ち上がる方法があります。多くの人は、椅子から立ち上がる瞬間「どっこいしょ」という感じで、腰を上げようとします。しかし、この方法はそうではなくて、本当に楽に、まるで椅子に仕掛けがあって立たされたようにして立つ方法なのです。これをおこなうには、まず座ることをやめて前にバタンと倒れるようにします。そして倒れはじめたときに、両膝を柏手《かしわで》を打つようにパンと打つのです。すると、結果的にフッと立てるんです。やってみましょうか。

前野　どうすればいいんですか？

甲野　普段のように、椅子から「立とう」と意識してしまうと、どうしても前に身体を傾ける動きが入って、それから「ヨイショ」と立とうとするでしょう。年をとって腰や膝が弱ってくると、この動作は負担が大きくなります。そうではなく、一言でいえば、座っていることをやめるんです。

前野　うーん、難しい。

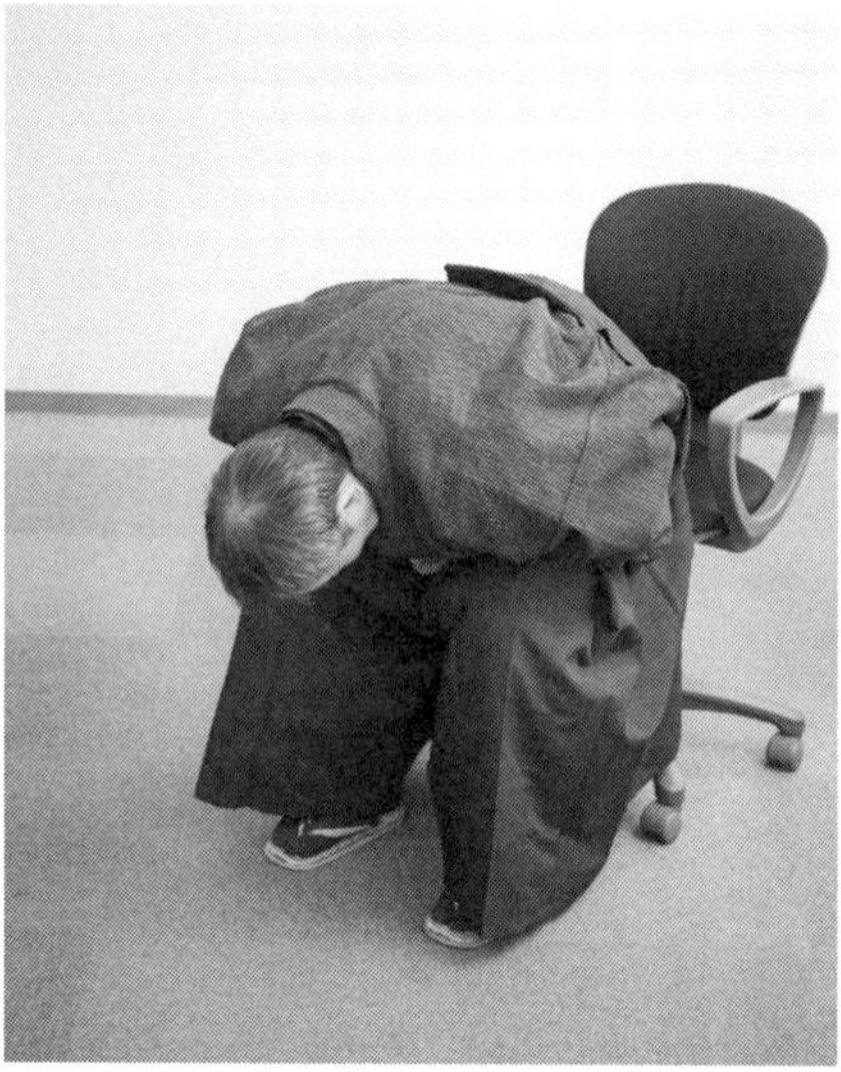

上：座ることをやめて、前に倒れこむ。　**下**：両膝を柏手のようにパンと打ち合わせると、身体が上がる。

甲野　まず座っていることをやめて、前に倒れ込み、そのとき両膝をパンと打ち合わせます。とにかく身体を前に意識的に倒すのではなく座ることをやめて、つまり居眠りでもして、カクンと前に倒れかかるときに両膝を柏手のように打ち合わせるのです。そうするとパッと身体が自動的に椅子から立ち上がるんです。表の意識は倒れるだけ、つまり「座る」ということをやっていたのをやめるのです。そしてそのとき、今度は意識して両膝を打ち合わせる。これはいってみれば自分でやろうと思っている動きではない「我ならざる我」が身体を動かす動きを学ぶための下拵《ごしら》えの稽古と考えてもいいでしょう。

前野　（椅子から前に崩れ落ちる）ダメですね。

甲野　ああ、それは素晴らしいです。これまで指導してきて、そんなふうに最初から倒れようとする人はいませんでした。ほとんどすべての人は身体を意識的に前に倒して立とうとしてしまうんです。

前野　そうなんですか（笑）。

甲野　はい。わたしは「倒れるんです」というのですが、実際に倒れることのできる人はほとんどいません。どうしても「立つ」という動作を意識してしまうからです。意識して立とうとすることをやめて、倒れること。そして、その倒れているときに両膝を打ち合わせると自動的に立ち上がれます。これができるようになると、表の意識によるものとは違う、予想外の動き（自動的に立つ）を自分ができることを実感できます。

前野　信じることが大切そうですね。

甲野　いや「ただやる」だけです。この動きの上級編が「人間鞠《まり》」です。これは、しゃがんだ姿勢から楽に立つ方法です。まずでんぐり返しをするような感じにして、膝が直角、つまり約90度になるくらいの高さに腰を浮かせ、そこからただ落ちるのです。その結果、しゃがんだ状態から自然にポンと立つことができるのです。これはかなり難しくて、わたしの周囲でできる人はまだ数人でしょう。なぜなら、技術も何も必要ないからなんです。「立とうとする」という意識はまったく不要です。この「ただやる」「落ちるに任せる」ということが、なまじな技術を覚えるより人間にとってはとても難しいようです。でもそこを「ただやる」。夢も希望もなくただやるだけ（笑）。だからこそ難しい。

「人間鞠」を実感するには、自分が鞠になって、誰かに「鞠つき」のようについてもらうとわかりやすい。

前野　ただやることがいちばん難しい。深いですねえ。

甲野　脚気の検査で、膝の皿の下を叩くと足が跳ね上がるでしょう。あの反射くらい自分がやっている感じがなくて自然に立てないと、この「人間鞠」ができたとはいえません。

前野　反射運動のようなものなのですか。つまり、意識しない動き。

甲野　ええ、これは、こうして自分が鞠になって誰かに（アシスタントに合図して）実際についてもらうと比較的実感できます。これを自分1人で始められることが大事です。

「ただやる」ためには「やろう」としないことが大切

前野　こうした技をおこなうのが難しいのは、「我ならざる我」つまり無意識に任せることがわたしたちにとって困難だということですか？

甲野　そうですね。こうした椅子から自動的に立ち上がる方法や「人間鞠」は、意識的に「やろう」としたらできない動きだからだと思います。意識でやろうとすることをやめることで可能になる動きです。

前野　たしかに「立つ」というのは意識的な動きですね。無意識に任せるために、そうではなく「座ることをやめる」という発想にしている。（話しながら実践してみる）なるほどとは思いますが、たしかに実際にやるのは相当難しい。

甲野　ええ。指導していてわかったのは、たとえば椅子から自動的に立つ動きをおこなおうとした場合、ほとんどの人が前傾した途端に「立つ」を意識してしまうようです。そうではなく、座ることをやめる。だから、前にコロッといける。

前野 はい。

甲野 みなさん「やろう」としてしまう。そうではなく「椅子に座っている」ということを「やめる」のです。みなさん、やる気がありすぎなんですよ（笑）。

前野 やりすぎなんですね（笑）。

甲野 自然に任せる。それが「ただやる」ことだと思います。

前野 意識は、何かをしようとしますね。

甲野 そういうことです。それをやめる。そうでないと、こうした思わぬ動きはできません。条件を少しだけ整えて、意識をちょっと変えるとできる。やろうとしたら、できない。

前野 （繰り返している）やっぱり難しいですね。

甲野 でも前野先生のように、本当に「座ることをやめよう」ということを直《じか》にできる人はめったにいませんよ。

前野 本当にそうなんですか？

甲野 お世辞ではありません。いきなり倒れ込んで、床に手をつきそうになった方は初めてです。幼子のような素直さがあるのかもしれませんね。

前野　ははは（笑）。もしかしたらコンテンポラリーダンスを少し学んだおかげもあるのかな。

甲野　そうなんですか？

前野　ええ。一時期、コンテンポラリーダンスをやっていたことがあるんです。一応、振り付けがあるんですけど、教えてくださった先生は「無意識に動いて、振り付けどおりになるように踊るんです」とおっしゃっていました。

甲野　ああ、なるほど。近いものがあるのかもしれませんね。

前野　それから、さきほども述べた「受動意識仮説」も関係しているかもしれません。受動意識仮説によると、そもそも、意識的に何かをしている気がしているものは、すべて無意識に随伴している。無意識のほうが先行している。無意識に任せるも何も、無意識に任せているとしか考えようがない、という科学的な研究結果に基づいた仮説が受動意識仮説です。ですから、受動意識仮説によれば、「意識がついついやろうとしている」と思えることも、じつは無意識がやったことの追認である。そもそも、意識はない。そう考えて日々行動しているから、「意識がついついやろうとする」状態になりにくいのかもしれません。

甲野　なるほど。

第３章のリマインダー

❖世の中には原理は不明だが現実に起きているから受け入れている事象は多い。
❖学問も、生き方も、正しいかどうかわからないと思うから、進歩・成長する。
❖科学の枠を集めた工学の世界でも理論的に未解明のことは少なくない。
❖現在のＡＩでは矛盾のある命題、論理を超えたものは原則的に解けない。
❖人間には、潜在的な能力や未解明の機能がまだいろいろとある。
❖古の武術の研究は、人間の身体のすごさを痛感することの連続である。
❖無意識下で何を思い、何をしようとしているのか未解明の点は少なくない。
❖武術は、禅の公案「やってはいけないし、やらないのもいけない」に近い。
❖身体は自分のことをかなり深く知っているが、意識が多くを抑え込んでいる。
❖意識的に何かをしている気がするものは、無意識のほうが先行している。

第4章
無意識に学ぶ、無意識に教える

前野　甲野先生のお話をお聞きしていると、現代を生きるわたしたちは「意識できるもの」ばかりにフォーカスをあてていて、古武術のような「無意識が関わっていること」をどんどん失ってしまっているように思えてきます。

科学と無意識

甲野　まあ、そうでしょうね。それは意識できないものの多くが、科学的に説明が難しいからでしょう。現在は、そういうものは無視されてしまいますから。

前野　わたしたちが「科学」と呼んでいるものは、結局のところ、統計学に基づいています。最初はすべて仮説ですが、そこから検証を重ね、何度やっても間違いなくそうなるとわかってきたところで、多数の人が「どうやら間違いない」と認める。この手順で「正しさ」に近づいていくことを目指す。

甲野　その姿勢や手法自体は人間が社会を構築していくうえで当然だと思います。ですが、そうした科学的手法で解明が難しいものを無視してはいないでしょうか。あらためていろいろな方向から物事を捉え直すことを怠っている。いや、それどころか、そういうものを検証することを避けているようにも思えるのです。人間は現在の常識よりもずっと多機能で、複雑だと思います。しかし、現状の科学で見ているのは、人間の働きのごく一面だけ。いわば、釣り上げたイカを乾燥させて、ノシイカにしてから分析しているようなもので、それでは海を泳いでいるイカのことはわからない。科学的な論文という体裁にするためには、客観的に観察しやすく加工しなくてはならないので、その過程で、いろいろなものが失われてしまう。その手法で迫れるのは、人間の表層だけです。そこから先はずっと踏み込めないままになっている気がするんです。

前野　たしかに、ある仮説を科学的に論じ、そのたしからしさを高めるためには、数を集めなくてはならず、どうしても個性は消えがちです。その反省から生まれた学問のひとつが「質的研究」[1]という手法でした。フィールドワークやインタビューを重視した、統計によらない研究で、一定の成果を挙げてはいますが、あくまでも文化人類学などの人文科学といわれるジャンルに留まっています。また「再現性がない」という声も根強くて、なかなか広がってはいません。

甲野　まあ、それはそうでしょうね。

前野　わたしが研究している「幸福学」[2]というテーマにおいても、個性は重要な要素です。でも、なかなか扱いが難しくて、やはりおもにつかっているのは統計的な処理になっています。

1 — 質的研究　おもに観察法や面接法を用いて、記述的なデータを収集し、言語的・概念的な分析をおこなう研究法のこと。「質的」とは、非数量的という意味であり、数量的測定に頼らず、仮説生成を目的としておこなわれることが多い。

2 — 幸福学　前野隆司のライフワークのひとつ。「幸せとはそもそも何か」「人はどうすれば幸せになれるのか」といった総合的な課題を明らかにするとともに、「人を幸せにする製品やサービスの開発」、「顧客や従業員を幸せにする経営」、「住民を幸せにする地域活性化」などの課題を具体的に解決するための研究・教育をおこなう学問。

甲野　そうでないと、論文にはならないでしょう。

前野　定量的研究の分野で認めてもらうのはなかなか難しいでしょうね。だから、本を書く活動ではこうしたお話を掘り下げているという面があります。あらためて考えると、そうやってわたしはバランスをとっているのかもしれません。

甲野　いろいろと苦労されてますね。

「技は盗め」は無意識の学び

前野　考えてみると、学術分野だけではないですね。現代は、武道においても「みんなができることが正しい」という風潮になっているのではないですか？

甲野　そうですね。わたし自身、この道に入ったのは、合気道からですが、少し前にそのことをとても後悔した時期がありました。なぜなら、合気道を始めた当時のわたしは「自分でわかっていないこと」を、誰かにいわれるがまま表面的な形だけ真似て、繰り返しやっていただけだったからです。もっともその後、合気道に限らず、意識的に学んださまざまな技芸についても、同じことがいえると気づいたのですが。

前野　どういうことですか？

甲野　子どもが母国語を習得するときのことを思い浮かべてください。母国語は誰かが手とり足とり教えるものではありません。生まれた子どもが、その環境にしばらく身を置くだけで、勝手に覚えてしまうものです。日本にいれば日本語が身につき、アメリカにいれば英語が自然に身につくでしょう。もっと根本的な身体機能の例を挙げると「見る」という目の機能。これなど誰に教わるわけでもなく、自然に獲得していきます。そして、このようにして身につけた技能や知識は、本当にその人の力になるんです。

これに対して、自分でもよくわからないまま、誰かに「こうやるんだよ」と教わったものはどうでしょう。その多くが反復練習を伴いますが、こうやって習得したものは母国語のように「身につく」レベルにはならない気がします。

前野　なるほど。

甲野　ですから、昔の職人が「技は盗め」といったのは正解だなと思うんです。幼な子が最初の言葉を覚えていくとき、そこに誰かの強制はありません。反復練習をしたとしても、それは自発的なものです。そうやって身につけた技能は、自在に応用することだってできます。これは、おそらく無意識に習得するからではないでしょうか。

前野　ああ、無意識の学びというわけですか。

甲野　そうです。これに対して、意識が芽生えてから、自覚的に意識で覚えよう、覚えさせようとすると、そんなふうには身につきません。まるで、ブレーキとアクセルを同時に踏むようなことになってしまう。

前野　反復練習をして型を覚えるというやり方は教え方の基本だと思っていましたが、たしかに、「型にはまる」という表現があるように、応用が利かなくなりそうですね。わたしも教育者ですが、教育というのは、多くの場合、あらかじめ用意した型を教えることになりがちです。そうではなく、教わるほうが自発的に盗めるようなカリキュラムにすべきなんですね。本もそうですね。無意識と古武術の関係について、きちんと体系的に整理し、繰り返して身につけるためのレッスン集も用意して、わかりやすく教える教科書のような本をつくることも可能でしょうが、本書では、この対談を読んだ読者それぞれに学びの形を委ねている。これでいいんですね（笑）。

甲野　本当に優れた流派の指導力のある人物による、一見無意味な反復稽古法の指導が、修行者を上達へと導くことは稀にありますが、ほとんどの場合、自発性のない反復稽古は、童謡の「待ちぼうけ」の歌詞のような「待ちぼうけ精神」だと、わたしは皮肉を込めていうんです。せっせと努力しているから、一見、「待ちぼうけ」ではないように見えるところに落とし穴があります。動いているから、努力しているから、きっと良いことがあるだろうというわけですが、そこに創造性はありません。これは、精神における待ちぼうけです。コーチにいわれたとおり、ただ繰り返しやってるだけ、ということがすごく多い。自分なりに考えて、工夫して、習得すれば、ただの反復、稽古よりずっとマシな動きが身につくのに、それをしていない。

前野　なるほど、そうした面はたしかにありそうですね。ただ繰り返せば、それでいいというわけではないというのはわかります。

甲野　昔、ツートントン、ツートンと、ツー（長符）とトン（短符）の2種類で情報を伝える通信手段があったでしょう。

前野　モールス信号ですね。

甲野　ええ。日露戦争で有名な「天気晴朗なれども波高し」の電信も、この方法で送られていました。当時、このモールス信号を打つのに熟達していた人たちは、このツーとトンのリズムや調子、間合いで発信しているのが男性か女性かがわかったそうです。

前野　そうなんですか。

甲野　さらに上をいく話もあって「わざと女のふりをして信号を打って、相手を誘ってやろう」といういたずらもあったといいます。当時でも、かなりこの電信技術のレベルの高い人たちでないと通じない話だったようですけど、人間の感覚のすごさを感じませんか？

前野　たしかにすごいものですね。

甲野　当時の人たちは、見て覚える能力、見取り能力が高かったんだと思うんです。オーストラリアの先住民であるアボリジニは、まあ、何十年も前の話ですが、西洋人と同行して2日くらい自動車に一緒に乗っていると、だいたい運転できるようになったといいます。カナダの極北地域にいるカショーゴティネ[3]と呼ばれる先住民たちには、「教える、教わる、学ぶ、習う」という文化がないそうです。だから、見て、覚えてしまう。文字がなければメモはできません。だから、記憶力がすごく発達している。視覚障害をもつマジシャンの触覚が発達するのと同じで、メモができないから全部覚えちゃうんです。

前野　なるほど。たしかに昔の人は、見て覚えていましたね。今はマニュアルで教えています。教育のやり方や環境を変えれば、我々も戻れるのかもしれません。でも、子どものころからやらなくちゃいけないのかな。

「努力しろ」より「努力させない」指導

甲野　ですから、わたしは「努力」という言葉に違和感があるんです。

前野　努力ですか。現代ではどちらかといえば、

3―カショーゴティネ　北極に近いカナダ北西部に暮らす先住民。かつてはヘヤー・インディアン（hare＝野ウサギ）と呼ばれた。テントによる移動生活を営む狩猟採集民族。子どもは幼いころに飢えと寒さの体験を通じて1人で自然と対峙することを学ぶ。

「良いこと」とされていますね。

甲野　ええ。努力することには価値があり、誰もが努力するべきだとされている。親も教師もスポーツのコーチ、武道の指導者も努力の大切さを説いています。でも、たとえば聖書には「祈る姿は戸を閉め、人に見せるべきではない」と書かれているでしょう。東洋にも「陰徳を積む」という言葉がある。これは、努力は人知れずコツコツとやるものだといっているのだと思います。少なくとも、他人に見せたり、誇ったりするものではない。ましてや、自分以外の誰かに「努力をしなさい」と強要するのは違う気がします。むしろ「努力は恥ずかしいものだ」と考えて、人知れず、忍んでするのが健全な状態だと思うんです。何より、他人に「努力しろ」といわれるより、自分で取り組んだほうがいろいろ工夫できるし、身につくでしょう。

前野　ああ、なるほど。

甲野　ある人の父親は「勉強しているヒマがあったら家業を手伝え」というタイプだったそうです。勉強に関しては「学校の授業があるのだから、その場で理解して覚えるのが当たり前だ」と考えるくらい頭のいい人だった。そういう家で育った子どもは「親の目を盗んで、予習復習を短時間のうちにものすごく集中してがんばった。そのおかげで学業がすごく身についた」というんです（笑）。

前野　ははは（笑）。うちの大学の同僚にも、親から「女は勉強なんかするな」といわれていたのでこっそり隠れて勉強したという女性教授がいます。似ていますね。最近はそんな話を聞きませんが、もしかしたら「勉強するな」というのは一昔前はよくある話だったのかもしれません。

甲野　「家で勉強してはいけない」という親は、ときどきいたようですね。ですからそういう親の子どもは必死にやったわけです。隠れてやっているので、短い時間にものすごく集中しなくてはいけない。「やれ」じゃなくて「やるな」だから、勉強ができるように努力しているなんて気配にも出せない。その結果、とても濃密な勉強ができたようです。

前野　さきほどのお話に出てきたエクストリームスポーツにも似ていますね。ある意味で極限状態に身を置いておいているからこそ、フローに入れた。

甲野　ああ、似ているかもしれません。ですから、指導者や教育者は、させたいことを「努力してやりなさい」というんじゃなく「やってはいけない」と禁止するほうがいいのではないでしょうか。そうすることで、熱心な子はものすごい集中力を発揮する可能性があります。指導者の目を盗んで、必死にやるんじゃないでしょうか。

前野　たんに努力や知識を押しつけるより、効果があるかもしれませんね。わたしも大学教員という仕事をしているので、学部の4年間または修士課程の2年間でこれだけの知識を教え込む、というやり方をついしてしまうんです。でも、それだと本当に身につかない。学生が受け身になってしまう。

甲野　星山海琳[4]という女性は、小学校に入って間もなく、学校がつまらなくて通うのをやめたそうです。デモクラティック・スクール[5]という学校に通って、母親の仕事を手伝ったりしていた。17歳になるまで、通常のカリキュラムに沿ったいわゆる「勉強」はほとんどしなかったといいます。ところが17歳の夏の終わりに「来年から大学に通いたい」と思い立ち、11月の高卒認定試験（旧称・大学入学資格検定＝大検）に合格した。つまり2カ月半の勉強で、小学校低学年レベルから一気に高校2年生くらいまでの約8年間を埋めてしまったんです。

前野　すごいですね。学びを押しつけず、徹底的にやりたいことしかやらせないデモクラティック・スクールのやり方が、ポテンシャルを高めたのでしょうね。

甲野　そして、年明けの大学入試にも合格して、いわゆる現役合格の年齢で希望どおり、大学に入学しました。その集中力たるやすご

4―**星山海琳**　（ほしやま まりん／1996年～）11歳でデモクラティックスクールを卒業。12歳のとき、コミュニティアート「デモクラティック・フィールドのらねこ」を母の吉田晃子とともに創立し、教育・子育ての相談やサポートなどに関わるほか、詩や絵画、写真など自身の創作活動にも励む。吉田との共著に『小さな天才の育て方・育ち方―小・中・高に通わず大学へ行った話』（セルバ出版）がある。

5―**デモクラティック・スクール**　授業や教師、カリキュラムもテストもない学校。その原型となった米ボストンの学校名から「サドベリースクール」とも呼ばれる。生徒は学ぶべき内容を自らの好奇心のおもむくままにルールの範囲内で追求することができる。また学年・クラス分けがなく、多様な年齢の子どもたちが一緒に学ぶ。日本国内に現在約20カ所ほどのデモクラティック・スクールがある。

いものですよ。小学校4年の算数などは1日でクリアするようなペースだったようです。

前野　自発的に「大学に行きたい。学びたい」と思ったからこそできた。

甲野　そうでしょう。それと母親の仕事を手伝ったりして、社会経験を積んでいたことも大きいのではないでしょうか。ある程度モノの道理や原理が身についていた。そのうえ、集中力もある。だからこそ教科書を読んでも「なるほど、これはこういう原理か」と納得しながら、おもしろさも感じつつ、理解が進んだのだと思います。

前野　なるほど。

甲野　さすがに彼女は特別な事例かもしれません。それでもこうした自発的なやる気さえあれば、普通の子でも、現在の3分の1程度の期間で、小中高のカリキュラムを学ぶことは十分可能なのではないでしょうか。

前野　適切な時期に、集中してグッと意欲をもって取り組めば、できそうな気がしますね。少なくとも、無理やり誰かに教えられるのとはまるで違うでしょう。

甲野　今はその気になれば、いつでもどこでも勉強ができます。何しろインターネットにアクセスすれば、いくらでも教材はある。カリキュラムありきではなく、やる気ありきのほうがいいと思うのです。

前野　わたしの提唱する『幸せの4つの因子』[6]のひとつ目は「やってみよう！因子」とい

うのですが、まさにそれですね。自発的なやる気が育っているというか、発現している人は、幸せなんです。わたしもなるべく教えずに、その学生の良さが発揮されるような指導を心がけたいと思っています。

甲野　そうですね。教えるのではなく、生徒や学生自身が見つけたように、教師としての自分の気配を消すのが、良い教育者の姿なのだと思います。道筋だけつくっておいて、自分はまったく何も教えていないように。痕跡を消す。

前野　ああ、そんなふうにできたらいいですねえ。

甲野　コーチも同じだと思います。上手くいったら選手の能力にする。失敗したら、自分が反省する。そういうコーチは立派です。でも現実にはその逆のケースが少なくありません。会社の上司だったら、ダメな上司の典型例ですよね。「部下の手柄は自分の手柄、自分のミスは部下のミス」という最低な（笑）。

前野　あー（笑）。

甲野　学ぶ側にとってもそうだと思うんです。「覚えなくちゃいけ

6—幸せの4つの因子　前野隆司が明らかにした、幸せについての分析結果。第1因子「自己実現と成長」（やってみよう！因子）、第2因子「つながりと感謝」（ありがとう！因子）、第3因子「前向きと楽観」（なんとかなる！因子）、第4因子「独立と自分らしさ」（ありのままに！因子）の4つから構成される。

ない」と強制されるとなかなか覚えられないし、身につかない。興味があったり、印象深いことなら、自然に覚えられますよね。

前野　無意識に覚えちゃいますね。わたしの目指している教育がまさにそれです。いかに教えるかではなく、気づいてもらうか。いかにマニュアル型の教育を廃し、自由に教え、自由に学んでもらうか。いかにして、教えていることに気づかれないように教えるか。たとえば、なるべくヒントを与えず、自分でヒントに気づいてもらうような教育。あるいは、反復練習をしたとしても、いかにして型にはまらず型を超えてもらうか。そんな教育法を心がけているのです。

甲野　それはいいですね。

前野　学生も多様化している。そういう教育を望んでいる学生もいる一方で、教えてもらいたがる人もいます。マニュアル人間もたくさんいますね。もしかしたら二極化しているのかもしれません。

甲野　わたしのところに来る人の大半は昔も今も、ある程度、他の武道をやってから来る人が多いですが、なかにはほとんどやったことがない人や、まったく経験のない人もいます。そういう武術未経験の人たちを含めても、その進歩はわたしが当初やっていた「武術稽古研究会」という会を２００３年に解散してからのほうが断然大きいです。

前野　そうなんですか。稽古という型にはまったやり方をやめたということですか。

甲野　わたし自身が常に試行錯誤しているので「会」というカタチでないほうがしっくり来るんです。そういうわたしの様子を見ながら、一緒に研究して、学んでもらう。（アシスタントの方を見て）彼もそうですけど、明らかに質の違う動きができるようになった人たちは、みな、自分なりに原理を考えています。きっかけはわたしですが、それをヒントに独自の理論を展開しているのです。

前野　まさに、見て盗め、自分で気づけ、自分で新しく考えなさい、というやり方ですね。

現代版丁稚奉公は教育にも有効か

甲野　星山海琳さんが2カ月半で約8年分の学習ができた理由のひとつに、社会経験があると思います。今の日本は人手不足でもあるのだから、中学生くらいからどんどん働かせたらいいのではないでしょうか。

前野　ははは（笑）。

甲野　2年くらい社会を体験して、そこから勉強に戻る。そうすれば、勉強の必要性も実感できますし、意欲も高まって集中できるんじゃないかと思うんですよ。

前野　なるほど、そういうことですか。働いたり社会経験をしてから学ぶことは、わたしも大賛成です。わたしが所属する大学院では7割くらいの学生が社会人なんですが、彼らの意欲はとても高い。やはり「なぜ学ぶか」を理解してから学ぶべきですよね。

甲野　現状の教育制度は、子どもたちを社会から切り離したところで育てているでしょう。これは、彼らを勉強の能力だけで優劣がつく世界に押し込めることだと思うんです。一度社会を体験させてから勉強に取り組めば、価値観を多様化させることもできる。若者にとっても、社会にとってもいいことではないでしょうか。

前野　それはわかりますね。

甲野　昔の日本では、小学校の低学年くらいでも丁稚奉公に出ることがありました。まして中学生になるくらいになれば、一人前の社会人として仕事に取り組んだ年齢なんです。何年かでも社会に出れば、多様な価値観を実地で学べますし、学歴という価値観に縛られることもなくなる。社会にとって、人手不足の解消にもなる。前野先生が研究なさっている「幸福」という観点からも、いろいろな価値観をもつこと、多彩な生きがいをもつことは大切ではないですか。

前野　そうですね。多様な人と接している人のほうがより幸せで、創造性が高いという統計データもあります。

甲野　もちろん勉強が得意な人はそういう道へ進めばいい。でも、勉強は苦手だけれど、運動が得意、すごく気が利く、すごく親切といった個性もそれぞれ十分に価値のあることでしょう。学校の成績という価値観だけで、余計な劣等感を植えつけるのは馬鹿げていると思います。現在の教育制度は、生徒も、教える先生も、その両方をどんどん余裕のない境遇に追い込んでいくばかりに見えます。学びたい人に教えるのなら、そんなことにはならないはずです。

前野 文科省の新しい学習指導要綱に「主体的・対話的で深い学び」という文言が入ったことで、これから変わっていかないかと期待しているところです。

甲野 具体的な施策で示してほしいですね。

前野 たしかに指針を示しているだけでは足りませんね。実際、大学院に入ってくる社会人の学生たちは「学びたい」という気持ちでやってくるので、本当にすごい。たとえば自分で起業して、ある程度稼いでから「あらためて勉強して、研究したい」と45歳で大学院に入ってきた学生がいます。こういう人の学ぶ力は全然違う。

甲野 富山大学医学部も、社会人になってから医学の道を志す人が多くやってくるそうです。50代の学生がいたりする。わたしの知り合いに、東大を出て、三菱重工で研究に携わっていたものの、そこから富山大学に入り直して、医者になった人物がいます。その人の感想では医学関係者は数学や物理の理解力は低い人が多いらしいですね。

前野 そうなんですか？　理系だから得意そうですが。

甲野　臨床医の場合は、症例とその対処法を覚えることが主だから、生物学としての分類の仕方や法学部的な頭のつかい方をするからではないですかね。

前野　なるほど。大学受験のころまでは理系の脳なんだと思いますが、文系的な脳のつかい方をしているうちに脳の構造が変化するのかもしれませんね。

甲野　ＡＩ診断が普及しはじめている時代ですから、今後はそれでは対処できない気もします。

前野　医療は、ＡＩがかなり入ってきている分野ですね。

甲野　そのようです。ですからこれからは、なおさら社会には多様な才能、個性が必要になるのだと思います。昔だって、宇和島藩にいた嘉蔵[7]という提灯張りなどをしていた何でも屋の職人が、モノづくりの天才的な能力を活かし、長崎に行って蒸気機関を学び、日本最初の外輪船の軍艦をつくったりしたのですからね。彼は何かの仕掛けをざっと見ただけで、だいたいどうなっているかがわかったといいますから、まさに天才的な職人だったのでしょう。そうした個々

7ー嘉蔵＝前原巧山　（かぞう＝まえばら こうざん／１８１２〜１８９２年）江戸時代末期から明治期に活躍した日本の技術者。１８５４年に宇和島藩重役から蒸気船の製造を命じられ、長崎、薩摩への留学を経て１８５８年に完成。この功績により宇和島藩譜代となる。小銃や木綿織機、ミシンなども製造した。

人の特徴を生かせるような教育が求められているんだと思います。

易→難の順に学ぶカリキュラムは万能ではない

甲野　教育について思うことはほかにもあります。学校教育のカリキュラムに限らず、世の中にある多くの学習プロセスは、易しいものから難しいものへと順番に学ぶようになっている。これはわかりやすい教育法ではありますが、このやり方では、絶対に行けない世界があります。易→難の過程がなだらかではなく、その途中で、大きく飛び越えなくてはいけない谷のようなものがあるケースです。たとえば、さきほどお見せしたような「影観法」、「響きを通す」といったわたしが開発した武術の術理は、単純な技から、だんだんと難しい技へと順番に学んでいくことで習得できるものではありません。当然のことながら、ただ繰り返すだけの反復練習でも、何年やってもたどり着けない。習得するためには、ある意味、違う岩棚へと深い谷をジャンプするような飛躍が必要なのです。

前野　質が変わらないといけないということですか？

甲野　そうですね。反復練習が目指すのは、いわゆる「量質転化」でしょう。量が増えれば、やがて質が転化するという考え方です。たしかにそれが有効な場合もありますが、それでは決して届かない世界がある。むしろ繰り返すことで、上達どころか逆に、古伝の剣術でいう「下達」、つまり、一向に上達せず、それどころかマンネリ化した稽古でますます迷いが深くなってしまったり、「自分にはできない」とマイナスな気持ちを刷り込んでしまったりすることもある。

前野　ふうむ。

甲野　やはり単純な易から難ではない、深い谷をジャンプするような飛躍がないと質の違う動きは得られないと思います。生物の進化も、そうなっているのではないでしょうか。チンパンジーと人間は、共通の先祖から約700万年前に分かれたとされていますね。その進化のプロセスも、易↓難のようななだらかなものではなかったと思うんです。

前野　どういうことですか？

甲野　進化のどこかの段階で、人と類人猿をはっきり隔てるような決定的な出来事が起こった気がするんです。そうしたジャンプするレベルの飛躍がないと、わたしはどうにも納得ができない。そもそも無機物から生命が生まれる確率は、宝くじで一等1億円を100万回だったか、それくらい連続で当てる確率よりも低いそうですね。

前野　たしかに確率で考えると不思議ですよね。ロボットの研究をしていたころ、わたしも「進化と学習」に興味をもって、コンピュータのなかで進化をシミュレーションする[8]「進化的計算」というのをやっていたことがあるんです。

甲野　それでどうなりましたか?。

前野　複雑系の科学に基づくシンプルなシミュレーションです。コンピュータで実際にシミュレーションしてみると、変化がカオスになる段階があって、そこから断続的に進化が起きることが見て取れます。カオスとは、一見ランダムに見えるような混沌です。複雑系[9]の科学という学問分野では、複雑なシステムではカオスが生じることが知られています。かつてのカンブリア爆発[10]のような現象が起こり、そのなかから優れた種が現れて、一気に進化が進む。確率論では考えられそうもないことを、複雑系の科学を用いれば説明できるんです。コンピュータシミュレーションという形でこれを体験しているので、わたしは進化をわりと明確にイメージできます。つまり、カオスが起きると、いったん、ワケがわからなくなる。そして、そこから進化が起こる。だから徐々に起こるのではないというのは、おっしゃるとおりだと思います。マクロに見ると、ドンっと大きく進化するときが断続的に現れるように見えますが、その一瞬の間にカオスが生じているんです。

8―**進化的計算**（evolutionary computation）生物の進化における交差、突然変異、選択淘汰のメカニズムをある種の最適化とみなし、コンピュータの最適化問題を解く手法でシミュレーションするもの。遺伝的アルゴリズム、遺伝的プログラミングが知られる。

9―**複雑系**（complex system）文字どおり「複雑な系」の意で、多くの要素からなり、部分が全体に、全体が部分に影響しあって複雑に振る舞う系。従来の要素還元による分析では捉えることが困難な生命・気象・経済などの現象に見られる。

10―**カンブリア爆発**（Cambrian Explosion）古生代カンブリア紀の初頭、約5億4000万年前から5億年前ごろに、今日見られる動物の門（生物の分類段階のひとつ）の多くが一気に出現した現象。

甲野　アオムシが蝶になるとき、サナギの内部で起こる「変態」も、徐々に変化するのではなく、身体全体が一時期ドロドロになりますよね。いったん解体されたようになってから、再構成している。前半と後半はまるで別の生き物です。素材は一緒ですが、まるで別のものになる。

前野　たしかに進化もそうですね。前脚を手に変えると人間になるし、翼に変えると鳥になる。進化は、アオムシの変態と同じようなカオス的な現象を、長い時間軸で起こしているものともいえます。

甲野　ある方に聞いた話ですが、妊娠中のつわりがひどくなるのは、羊水に守られていた胎児が水棲の状態から、陸棲に変わるあたりで起きることが多いのだそうです。

前野　胎児は生命進化と同じようなプロセスをたどるんですよね。

甲野　ええ。水から陸に上がるという、生命の大変革です。

前野　それを母体も感じているのかも、ということですか。おもしろいですね。

甲野　武術の研究をしていると、人間の祖先がはるか昔、四足歩行していた時代の身体の構造を感じることが、しばしばあるんです。たとえば、誰かをこちらに引き寄せようとするとき、親指をカギ型に曲げると、その親指の付け根の背あたりが緊張します。その緊張している親指の背に、相手の手を引っ掛けてもらうようにすると、そういうことがまったく初めての人でも思いがけないほどの力が出て、相手を立たせたりできる。これは四足歩行のときの身体構造が今も人間に備わっているからだと考えられます。最近は、もっと前の生物、ナマコや青虫が身体をくねらせる動きにも注目するようになりました。

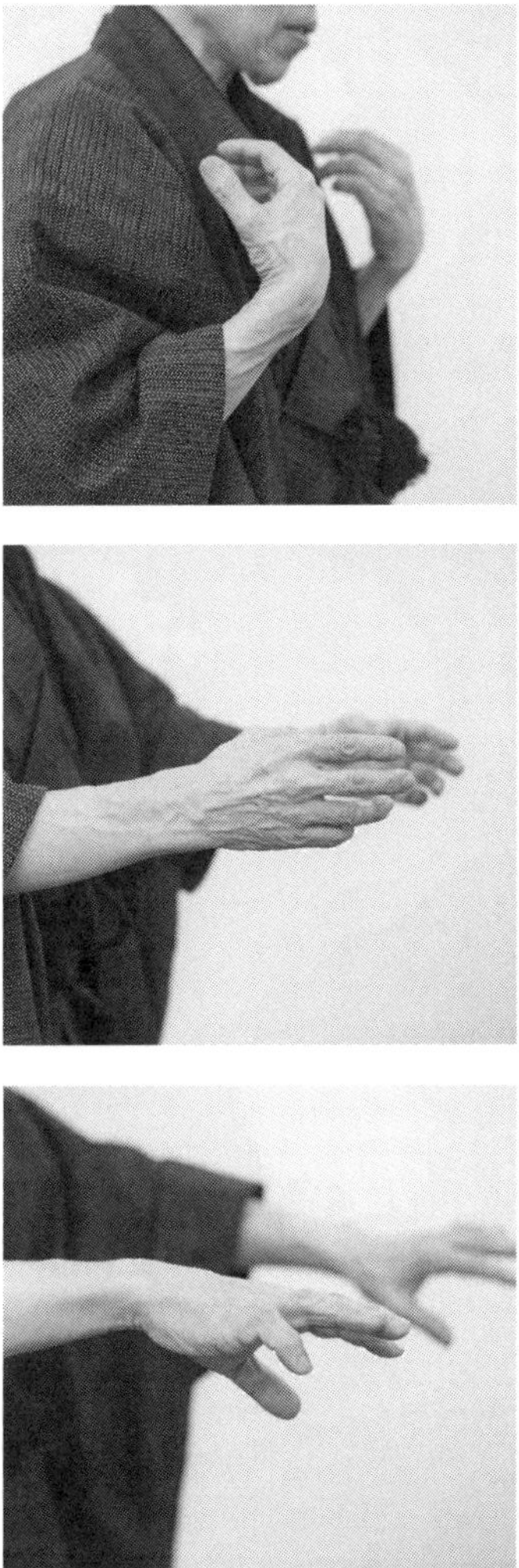

手を前に出す動作では、腕が伸びれば手のひらは自然と下を向く。

前野　ほお。青虫、尺取り虫、ミミズの動きの進化的獲得に関するコンピュータシミュレーション研究もやったことがあります。環境を変えると、コンピュータ内の人工生命が、ミミズになったり青虫になったりするんですよ。内骨格系をもたない柔軟生物の動き方は、なんとも気になりますね。

甲野　人間の動きでも、普通は気にする人もいませんが、「前へならえ」の動きは不自然だと思うのです。こういうふうに「小さく前にならえ」なら手のひらは互いに向き合うくらいが自然ですが、手を前に伸ばすと、手のひらは自然と下を向くでしょう。それを向き合わせている現在の「前にならえ」は、自然な動きではないとわたしは考えています。

本能的な能力と、生まれたあとで獲得する能力

甲野　そもそも能力や技術には、本能的なものと、生まれてから学習して獲得するものがあるでしょう。動物の例ですが、アザラシやオットセイの仔を群れから離して、浅いプールで飼育係が育てると、深いプールでは泳げなくなり、おぼれてしまうそうです。でも犬や猫はそんなことにはならずに泳ぐことができます。

前野　ほお。

甲野　これはすごく示唆に富んだ話で、犬や猫は、海や川、湖といった水とは無縁な場所で育つのが普通ですが、ある日突然プールに放り込まれても泳げるんです。

前野　ああ、たしかに。

甲野　彼らの泳ぎは、緊急時の能力として本能に組み込まれたものです。例えていえば救命ボートのようなもの。だから「水に沈まず、おぼれない」という程度の泳ぎでかまわない。これに対してアザラシやオットセイの泳ぎは、そういうカタチで組み込まれた能力ではありません。

前野　生まれてから、学習するわけですか。

甲野　そうです。彼らは水中でエサとなる魚を捕って暮らすしかない姿かたちをしているのですが、だからといって、そのために必要な能力すべてを本能は組み込めない。本能に組み込める能力というのは、多くは無理なのでしょう。生存に必要な最低限のものだけ。だから、アザラシはさまざまな泳ぎ方を後天的に習得しているわけです。いろいろな水の流れや、深さの環境を泳ぎまわり、魚を探し、捕らえる技術は、育っていく過程で身につける。犬や猫の救命ボートのような泳ぎ方しかできないようでは、エサは捕れません。

前野　なるほど。犬や猫が泳ぐのはいざというときだけですからね。基本は地上で活動するから、それほど高度な泳ぎである必要はない。だから本能に組み込める、というわけですね。

甲野　そうだと思います。

前野　聴覚障害のある人が、本来聴覚のためにつかわれる多くの脳神経細胞を視覚につかうようになって、障害のない人よりもよく見える（視覚で得られる情報が多くなる）ようになることがありますね。視覚障害のある人はその逆で、視覚以外の部分に脳神経細胞を転用して、驚くような感覚を発揮したりします。これから推測すると、もしかしたらプール育ちのアザラシは、浅い場所に特化した能力を獲得するのかもしれません。

甲野　それは泳ぐというより、水浴びや行水に特化した能力になりそうです（笑）。

前野　ああ、違う生き物の生き方になってしまうのかもしれませんね。環境に適応して、水浴びがやたらと上手くなっちゃうとか、あるいは、脳を泳ぐ以外のことにつかうような。

甲野　このアザラシの例を踏まえて人間を考えてみると、人間には本能に組み込まれている生活技術はほとんどありません。でも、だからこそ、いろんなことができるのだと思います。なまじいくつかの生活技術が本能に組み込まれていたら、こんなに多様なことはできなかったでしょう。そう考えると、欠点と思われることが長所だったり、長所に見えることが欠点だったりすることが、あらためてわかります。

前野　そうですね。よく、「本能」と「理性」は対置されますが、本能に組み込まれていない理性で行動できるのが人間の特徴です。わたしは、現代の都会を見ていると「なんて遠いところに来てしまったんだ」と思うことがあります。本来、人間は森などの自然環境に適応すべく生まれた生物のはずですが、まったく異なる都市環境に適応している。社会の大規模化も、インターネットで世界中がつながっていることも、凄まじい適応力だと思います。これほど本能から自由な生物はいない。そう感じる一方で、現代社会はもしかしたら人間が適応できる限界をはるかに超えた不自然な環境じゃないかとも思えるんです。

甲野　まあ、わたしなどは家にいてもすぐ木の緑が見えないと落ち着かないほうですから、そのお考えに同意しますが、現代では「ビルが見えないと不安になる」という人もいるようです。もうこの環境にすっかり適応している人も少なくないのかもしれません。

　ところで、動物の本能は、人間から遠くなるほど本能の縛りが強いという見方もできます。たとえば七面鳥のヒナは、巣が地上にあるのでイタチとかテンといった天敵に襲われる確率がすごく高い。そのため七面鳥の親は「巣の近くで動く毛の生えた物」を無条件につつき殺そうとする本能をもっています。まさしく反射のひとつです。ヒナも「巣の近くで動く毛の生えた物」ですが、これだけはつつきません。なぜかというと、「ピイピイ」というヒナの鳴き声で反射行動にブレーキがかかる仕組みが備わっているからです。残酷な実験をした人がいて、親鳥の聴覚を消してみた。すると、親鳥はヒナをみなつつき殺してしまったそうです。

前野　ヒナを区別する基準は、単純に音だった。

甲野　そうです。必要性の高い本能として、強烈に組み込まれている。ブレーキとなるのはヒナの声だけ。それが聴こえなくなれば、反射的に殺してしまう。そういう本能に強く縛られている。動物は意識的に思考したりする前に、まず、そういうところで動いているわけです。

前野　なるほど。人間も気づいていないところで、意外と本能に縛られていたりはしないですかね。たとえば、国内の殺人事件のほぼ半数は家族・親族間で起きているそうです。これは本能的な部分が関わっているのか、またはその逆に本能のどこかがおかしくなっているのか、それとも適応なのか。考えてみたくなります。

最近は、アンガーマネジメント[11]、ノンバイオレントコミュニケーション[12]、ポジティブ心理学など、人の感情を理性によってコントロールしようとする手法や学問が盛んになりつつあります。感情は本能から出てきますが、これを理性で抑え込む議論です。これは自然な流れなのか？　あるいは無理をしているのか？　学問と実践の進展を待たないと結論は出ないと思いますが。

本当はできるのにできない、見えているのに見えないということ

甲野　動物は、人間より本能が素直に発揮されているように思えますが、必ずしもそうではありません。ややこしい話ですが、本来できることとして備わっているはずなのに、経験していないので

11―**アンガーマネジメント**　（Anger Management）とは、1970年代にアメリカで生まれたとされる、怒りの爆発を予防し制御するための心理教育プログラム。怒らないことを目的とするのではなく、怒る必要のあることは上手に怒り、怒る必要のないことは怒らなくて済むようになることを目標とする。

12―**ノンバイオレントコミュニケーション**（Nonviolent Communication）非暴力コミュニケーションのことを指す。相手とのつながりを保ち続けながら、お互いのニーズが満たされることを目指して話し合いを続けていくという、共感をもって臨むコミュニケーションの方法。マーシャル・B・ローゼンバーグ博士によって体系づけられた。

できないということがあるからです。

前野　どういうことですか？

甲野　猫はかなり高いところから落ちても平気なのは有名な話ですよね。数十メートルくらいの高さであっても、四肢を全開してムササビのように空気抵抗を利用しながら落ちて、最後はコロコロっと転がり、落下の衝撃を吸収するんです。相当高いところから落ちてもケガをすることはありません。でも、猫がこれをするのは、誰かにいきなり投げられたとか、何かに追い詰められて仕方なく落ちたときだけ。ただ高い場所に置いておかれると、どこにも行けずに衰弱して死んでしまうこともある。「このままでは餓死してしまう。イチかバチかで飛び降りようか」とは、絶対に思わないようです。

前野　自分からは飛び降りられない。

甲野　ええ。木やビルから降りられなくなった猫を消防隊が救助したといったニュースがときどきあるでしょう。あれは、そういうことなんです。2年くらい前でしたか、知人がツイッターで、8メートルくらいの深さの穴に落ちた猫の動画をリツイートしていました。ハシゴを下ろしても警戒して登ってこない。それで人が救助しようとハシゴをつたって降りていったら、自分が襲われると思ったのか、垂直に掘られた穴の壁面を一気に駆け上がり、最後は出口あたりに組み込んであったレンガをぐるっと一周して飛び出してました。

前野　ははは（笑）。じつは自力で出られたんですね。

甲野　その動画を見た人が「ハシゴなんて下ろさなくて大丈夫だったんだ」とコメントしていましたが、決してそうではありません。何もしなかったら、出てこなかった可能性は高いと思います。

前野　なるほど。自力で出られることに気づくことができず、ずっとそこにいただろうということですね。

甲野　ええ。まあハシゴを登るくらいはしたかもしれませんが、ハシゴなしでの離れ業は火事場の馬鹿力みたいなものなので、自分の意志ではできないのです。ところがいざとなれば、まったく足がかりのないように見えた垂直な壁も登っていける。つまり、そうした能力は備わってるけれど、自分ではできると思っていない。

前野　意識して発揮することはできない能力ですか。それは、人間にもありますね。

甲野　人間の例としては、戦争中のこんなエピソードがあります。あるとき夜襲を受けた兵隊の1人が、真っ暗闇のなかで必死に逃げた。翌朝明るくなって周囲を見渡してみたら、鉄条網を乗り越えて逃げたことがわかった。しかも、その鉄条網はきっちり支柱に立てて張ったものではなく、大きなコイル状にしたものでした。つまりよじ登ろうとしても、まるで手がかりがない。絶対に乗り越えられないように設置したものだったそうです。それをどうやったのかまるで思い出せないけれど、無我夢中だったその兵士はなぜか乗り越えられた。暗闇だったのでどういう構造になっているか見えなかったため、「これは無理だ！乗り越えられない」と思わなかったのでしょうね。

前野　猫と同じですね。

甲野　２０１０年に、上野動物園のサル山に、下北半島で捕獲された野生のニホンザルたちが入れられたことがあります。サル山は垂直に切り立った5・5メートルの高い壁があるだけで、檻《おり》ではありません。でも手がかりはほとんどなく、それまで逃げたサルはもちろん、逃げようとしたサルもまったくいなかったそうです。ところが、この野生サルのうちの1頭が放されるやいなや、壁を駆け上がって逃げてしまった。動物園の飼育係の方も「野生の力を甘く見ていました」とコメントするしかなかったようです（笑）。それまでは越えようと試みるサルもいなかったわけですが、この野生のサルは「行けるかどうか試してみよう」じゃなくて、放された途端に「行くんだ！」と決めたからできたんでしょう。

前野　野生だからこそ、無意識の能力を発揮できたともいえそうです。そういうふうに「やったらできる」ことは、想像以上にたくさんあるのかもしれませんね。

甲野　マンションのベランダから落ちそうになっている子どもを見つけたお母さんが、とっさに疾走して、なんとか受け止めた。その距離と子どもが落ちてくる時間をあとで計算すると、陸上競技100メートルの世界記録より速かったという話もありますね。

前野　すごい（笑）。

甲野　しかもサンダル履きだったという（笑）。

前野　ははは。本当ですかね。

甲野　ロッククライミングの世界では、2017年にアメリカのヨセミテ国立公園内にあるエル・キャピタン[13]という岩壁を、アレックス・オノルド[14]という人が、命綱も道具もつかわない「フリーソロ」と呼ばれる方法で初めて登攀《とうはん》しています。じつはそれまで、そのルートは誰も登れなくて「絶対不可能だ」といわれていたんです。ところが彼が成功した途端、続々と成功者が出るようになっています。

前野　不思議ですけど、納得できる気がします。我々は、自分が思っている以上のポテンシャルをもっている。

甲野　これも「できない」という思い込みが、可能なことを不可能にしていたという一例です。同じように、経験のないことは、目の前で起きても、わからない、見えないということも起こります。た

13―エル・キャピタン（El Capitan）米カリフォルニア州のヨセミテ国立公園にある。渓谷の谷床からは約1000メートルあり、花崗岩の一枚岩（モノリス）としては世界一の大きさを誇る。

14―アレックス・オノルド（Alex Honnold／1985年〜）アメリカのロッククライマー。エル・キャピタンを3時間56分で登攀した記録であるドキュメンタリー映画『フリーソロ』は第91回アカデミー賞の長編ドキュメンタリー賞を受賞。2019年秋日本公開予定。

とえば、インカ文明が滅ぼされた原因のひとつに馬があるという説があります。馬に乗って攻めてくるスペイン人を見て、インカの人々は驚愕した。なぜなら、そのスペイン人の頭を弓矢で射って人は落ちても、下にいる馬は疾走してくるからです。それを見て、「上が死んでも下が生きている化物だ」と一層恐れた。「動物に人が乗っている」ということが彼らの想像の外だったためです。それで、逃げてしまった。

前野 あー。

甲野 コロンブスがある島に上陸したとき、現地の人たちに「お前たちはどこから来たんだ」と不思議がられたという話もあります。巨大な船が沖に浮かんでいるのに、あまりにも想定外のものだったから見えない。乗り物だとは思わなかったようです。黒船が最初に日本に来たときも、多くの人がなかなか気づかなかったといいます。

前野 「船だ」と認識するには、規格外に大きすぎたんですね。たしかに、なんだかわからないものは認識できないということはありそうです。

甲野 闇鍋に美味い食材が入っているようなものです。真っ暗ななかだと、味はわからないでしょう。

前野 ははは。なるほど。

甲野 食べものも、その姿形を見てある程度予想しているから、味がわかる。でも何も情報がなく、いきなり口の中に入ってきたらすぐにはそれが何かわからない。当然「美味しい」と判断することもできません。「まあ何とか食べられるな」くらいでしょうか。予測があって、十分に認識ができるから「美味しい」と思える。

前野　たしかに。トンカツだと思って口に入れたものが豆腐だったりしたら、どれだけ上等な豆腐でも「マズイ」と感じてしまいます。あれと同じですね。

甲野　技も同じです。動作をスムーズにやるには、必ず予測が必要です。真っ暗闇のなかで、床までどのくらいの高さがあるのかわからなかったら、たとえ10センチの高さでも飛び降りることは難しいでしょう。また1メートルのつもりで飛び降りて、実際には10センチだったりすると、衝撃で上手く着地できない。武術の技は、そういったところも利用しているんです。

前野　フィードフォワード制御[15]ですね。予測による制御がフィードフォワード制御、予測できないときに、やってみてズレたぶんを修正するのがフィードバック制御[16]です。人間の制御は遅いので、予測

15―**フィードフォワード制御**　自動制御のひとつの方式。制御系に入ってくる指令値や不要な信号を事前に予測し、その影響が及ぶ前にこれを打ち消してしまうもの。フィードバック制御に付加してより高性能化を図る場合に用いられることが多い。人間の脳では、小脳がフィードフォワード制御を担っていると考えられている。

16―**フィードバック制御**　自動制御方式のひとつ。検出器やセンサーからの信号を読み取り、目標値と比較しながら設備機器を運転し、適切な目標値または基準値になるように出力を制御するもの。

によるフィードフォワード制御が発達しています。しかし、それが邪魔になることがあるということですね。だから、そうした思い込みや予測を排除できれば、できること、見えるものが違ってくる。

甲野　そうですね。それを意識してやるのは難しい。だから、「我ならざる我」といったものが出てくるんです。

深い学びは「直に」入ってくる

甲野　人間が何事かを「理解する」という体験の究極は、いわゆる「悟り」「大悟」とされるようなものではないかと思います。禅の香厳智閑[17]という僧に、こんな逸話があるんです。香厳は、さきほど話しました百丈和尚の弟子だったのですが、百条和尚が亡くなったので、大先輩にあたる潙山霊祐[18]を訪ねます。すると潙山に「お前はたいそう頭が良いそうだが、誰かから得た知識ではない、お前自身の言葉を聞きたい」といわれた。博識な香厳はいろいろと答えるのですが「それは誰それの言葉だ」「それはあの本に書かれたものだ」といわれてしまう。とうとう一言も答えられなくなった香厳

17―**香厳智閑**（きょうげん ちかん／生年不詳～898年）中国唐代末期の禅僧。きわめて頭が良く博識で知られたが、それに飽き足らず、霊祐禅師の道風に憧れて参禅を決意したという。

18―**潙山霊祐**（いさん れいゆう／771～853年）中国唐代の禅僧。23歳のとき洪州に赴いて百丈懐海和尚に学び、その法嗣となる。のちに潙山（湖南省長沙市寧郷市潙山郷）に住して、多数の門弟を訓育した。

は、つくづく今までの自分に愛想が尽きてしまい、それまで書き留めてきた文書をすべて焼き捨てて、国師の墓守として日を送るようになったそうです。そうしたある日、いつものように掃除をしていて、かき集めた落ち葉をヤブに捨てたら、そのなかに混じっていた小石か瓦のカケラが竹に当たって「カーン」という音が響いた。その瞬間、全身が震えるほどの感動を覚えたのです。そして、この音こそが、誰かに教わったものではない自分の言葉だと気づいた。有名な「香厳撃竹《きょうげんげきちく》」という話です。

前野　ほお。深いですねえ。

甲野　その音を知覚した自分という存在を、すごく深く感じとったのだと思います。「直《じか》に入ってくる」という体験ですね。これは普通、人間一生のうちに求めても容易に得られないものだと思います。もちろん、わたしもまだ経験したことはありません。

前野　大悟とされるほどの深い学びも、意識的に得られるものではなく、無意識に訴えてくるというか、ふいにやってくるもののような感じがしますね。

甲野　そうなのだろうと、わたしは考えています。その手がかりのひとつはフロー状態にあるのではないでしょうか。〝打撃の神様〟と呼ばれた川上哲治元巨人軍監督には「球が止まって見えた」とか「投げられたボールの縫い目が見えた」という有名な言葉があります。あれもフローならではの感覚だと思うのです。

前野　なるほど。

甲野　わたしが現在、技としてつかっているレベルは、もっと浅いフローだと思いますが、これは「やろう」と思えばいつでもできます。たとえば、さきほどお見せした「影観法」による、刀を躱《かわ》す技。相手が打ってくるのを表の意識では躱さずに摑む、我ならざる我が躱すという技ですが、あれはそんなに深くはないけれど、確実にある種のフローに入っていると思います。その状態に入ると「失敗する自分」という懸念は消えてなくなるのです。

前野　あれはフローだとおっしゃっていましたね。

甲野　あらためてやってみましょう（次ページ写真参照）。このように表の意識は「摑む」です。だから相手も、まともにわたしの頭めがけて打ち込んできます。つまり人間は、相手の意志というか意識に反応しているんです。

前野　はい。そういうことのようですね。

甲野　躱しているのは「我ならざる我」です。このもう1人の自分がどうやるのか、どうしたいかは、わたしの表の意識は関わらない。まあ、この状態を別の見方で見ると、表の意識が「わたしが竹刀を摑むから、その間に君はよろしくやってくれ」という感じでしょうか。

前野　ふうむ。それが、フロー状態の感覚ということですか。たしかに、フローとは意識であれこれ考えるのではなく何かに没入した状態といわれます。意識によるフィードバック制御を遮断して、すでに獲得している暗黙知をつかって、無意識的にフィードフォワード制御をしている状態。まさに、「我ならざる我」ですね。

甲野　さきほどご紹介した『超人の秘密』に出てくるダグ・アモンズという人物は、ホワイトウォーター・カヤッキング（水の流れが白く見えるほどの急流でおこなうカヤック）

上：表の意識では、打ち込まれてくる刀を「躱さずに摑む」。　**下**：もうひとつの意識、「我ならざる我」が自動的に「躱す」。

のスペシャリストです。彼は、カナダのブリティッシュコロンビア州にあるスティキーン川を単独で下ったのですが、そのときのフロー体験を語っています。

前野　はい。

甲野　この川は「カヤック界のエベレスト」と称される難所で、最難関レベルの急流が約100キロにわたって続いているんです。とくに流れの激しい瀬が25もあり、そのなかにはミリオン・ダラー・ホールと呼ばれる「100万ドルもらっても行きたくない。カヤックで無事に抜け出せる確率は1%しかない」とされる滝もある。滝壺が洗濯機のような渦を巻いていて、飲み込まれると出られなくなってしまうそうです。

前野　すさまじいですね。

甲野　それがあるフローに入っていると、その脱出ルートがくっきり見えるらしいんです。

フロー状態で発揮される人間の「超」能力

前野　なるほど。一般的に、フローが起こる条件のひとつは、生死がかかるほどの緊迫感というか切実さ。そして、もうひとつが習熟度だとされています。無意識のフィードフォワード制御系の熟達。運動系の場合は小脳が、習熟によるフィードフォワード制御を担っているといわれています。

甲野　ええ。ダグ・アモンズも経験豊富なベテランカヤッカーです。そして、この川には特別な思い入れがあったようです。この川は１９７７年にロブ・レッサーというカヤッカーによって発見され、最初はヘリ２台でサポートしてもらいながら挑戦したけれども撤退。その後ヘリ１台を追加して、ようやく成功。その後、ダグ・アモンズが参加したヘリ無しの挑戦でも成功しますが、そのチャレンジで同僚のベテランカヤッカーの１人がトラウマになるような危険な体験をして、二度と川を下れなくなってしまった。そういう最難関の川下りをダグ・アモンズは、サポートなしの単独で「やりたい」と思ったそうです。そのときの気持ちをこう表現していました。「スティキーン川の水の一滴になりたい」。そして誰にもいわずに挑戦して、やり遂げた。

前野　すごい決断ですね。

甲野　ええ。もし誰かに相談すれば「死にに行くようなものだから、絶対にやめておけ」と止められるのは明らかだったから、誰にもいわなかった。この単独川下りに成功したのは１９９２年ですが、このことを知らされたのは、奥さんと親友の２人だけ。その後、この本が出るまでの22年間、この人たち以外には一切公表しなかった。

前野　どうしてそうしたのでしょう？

甲野　おそらくとてつもなく深い感動があったからだとわたしは思います。オリンピックで金メダルを獲得するのとは、性質もレベルもまるで違う、比較のできないほどの深い深い感動だった。達成感というより、一体感。だから「すごいことを成し遂げましたね」とか「素晴らしいですね」なんて単純な言葉で称賛されたくない。そんなふうに「気安くほめられたくない」と思ったのではないでしょうか。

前野　想像を超えていますが、さきほど先生がおっしゃった「直に入る」ようなレベルのものなのでしょうね。

甲野　そう思います。それこそ、神の啓示に打たれたような強烈な感覚。他人からの評価や称賛は必要ない。それどころかそうしたものが、むしろわずらわしく邪魔になるような。

前野　「勝つためにやる」という感覚とはまるで違うんですね。

甲野　本当に深い感動に、称賛は必要ない。だから、いいたくもなかったのでしょう。そういう深さがあったんだと思います。

前野　そして、そうした偉業を可能にしたのは、技術の高さと生死がかかっているという緊張感によって生まれたフロー状態だったということですね。

興味と緊張感が人を成長させる

前野　お話を聞いていると、興味と緊張感がキーワードのように思えてきました。

甲野　まさにそうです。この両者がそろっているとき、人間は抜群に成長します。

前野　興味と命がけという緊張感があることで、学びも深まるし、パフォーマンスも高まる。フローにも入りやすくなって、不可能に思えることもできてしまう。あらためて、現代のわたしたちに足りないのは、マニュアル的な型にはまった学習ではなく、フローを伴う挑戦に基づく学習だといえそうです。

甲野　そうですね。ただ、そのためには、高い質の動きができ続ける身体が必要です。たとえば、米大リーグ、ロサンゼルス・エンゼルスの大谷翔平選手は「すごい選手だ」といわれています。でも投手としての地力を考えれば、稲尾和久[19]投手のようにシーズン42勝（1961年／42勝14敗）することはとてもできないでしょう。稲尾投手はシーズンの半分以上の試合に登板して、日本シリーズでも連投したとか、信じられないほど投げている。時代が違うといわれ

19－**稲尾和久**（いなお かずひさ／1937～2007年）日本のプロ野球選手・監督。1956年に西鉄ライオンズ入団。主戦投手としてチームの3年連続日本一に貢献。58年の日本シリーズでは7試合中6試合に登板、うち5試合に先発し4完投。地元紙は「神様、仏様、稲尾様」の見出しで逆転優勝を報じた。

るかもしれませんが、やはり身体のつかい方が抜群に上手かったのだと思います。

前野　なるほど。身体全体の調和、ということでしょうか。近代西洋型の学習では、分割し、分析し、部分的な学習をロジカルに積み重ねていきます。近代スポーツはそうですし、近代教育もそうです。部分を鍛えたり、部分を修正したりする。そうではなく、古来東洋型の、ホリスティックな、といいましょうか、全体を総合的・統合的に高めていく武術のような方法が忘れられすぎている、ということでしょうか。

甲野　ええ。身体のつかい方の根本が違うのだと思います。残念なことですが、現在のスポーツ選手は幼いときから身体をつかって生活していませんし、稲尾投手のような上手な身体のつかい方をする大人たちが周囲にいませんから、どうしても無理な動き方をしてしまう。その差は幼少期にある、とわたしは考えているのです。こうした基本的な身体のつかい方は、子どものときに、大人を見て覚えるものです。母国語を自然に習得するのと同様に、身体のつかい方も覚えていく。かつては、身のまわりにいる大人がみな上手に身体をつかっていたのではないでしょうか。わたしが子どものころは、年端もいかない子が自分の背丈と同じくらいの大人用自転車に、フレームの横から脚を入れて器用に乗っていたものです。たしか「三角乗り」といいましたね。

前野　ああ、いましたね。

甲野　子どもたちは「どういう身体のつかい方がいいのか」などということをまったく考えず、ただ好奇心に任せて自然に学んでいる。その段階で目にする大人たちの身体のつかい方が大切なのだと思います。ですから、コーチやトレーナーが指導して、意識的に教えたりする以上に重要なことが幼児期にある、ということではないでしょうか。

前野　なるほど。いよいよ、近代教育法・トレーニング法をあらためねばならないと痛感させられます。

甲野　わたしがよく例に出すのは、奈良県の十津川にいた剣客で、この地の中学生に剣道の指導をした、中井亀治郎[20]という人物です。写真も遺されている近代の剣客で信頼できる証言も数多く残っていますが、この人ほど、高度なレベルの身体のつかい方ができた人物をわたしは他に知りません。その身体運用レベルは、現代のオリンピック金メダリストが束になってかかっても、とうてい敵《かな》わないでしょう。

前野　どんな方だったんですか？

20―**中井亀治郎**（なかい かめじろう／1866～1918年）明治・大正期の剣客。地元の十津川にて桃井春蔵およびその高弟の黒谷佐六郎に鏡新明智流を学び、わずか数年にして奥義を極め、武者修行の旅に出る。1892年に帰郷後、文武館にて剣道教師を務めた。

甲野　亀治郎の有名なエピソードのひとつが、土砂崩れ跡の斜面の上方から醤油樽を転がして、それを棒で叩きながら追いかけ、谷底まで駆け下りたというものです。落石のような速度で転がり落ち、しかも不規則にバウンドする物体を叩くわけで、2メートルと離されたらできません。どうしてそんなことができたのかというと、子どものころからサルが好きで、サルと遊びたいと思って木から木へ飛び移ってサルを追いかけていたからです。

前野　崖を醤油樽と同じ速度で駆け下りるというのは、ほとんど落ちているのと同じですよね。落ちているのに、駆けていられる。すごい。

甲野　サルを追いかけるのも、やっている本人はおもしろくて仕方がないわけです。しかも木から木へ飛び移ったり、崖を駆け下りるのですから命がけ。おもしろさと命がけが備わっているのですから、上達するには最適な環境です。

前野　なるほど。たしかにさきほどの成長の条件を満たしていますね。

甲野　そうなんです。こういう環境が、人間の身体能力をいちばん成長させるんです。

前野　わたしだったら、木の枝を器用に渡っていくサルを見て「サルというのはすごいものだな。人間とは違うな」と思うだけですが、そういう理屈がないからこそできた、ともいえそうですね。

甲野　おそらく「できっこない」なんてことは考えもしない子どもだったからやれたので

しょう。そして、やればできた。人間の足はサルのように木の枝を握るのに適した構造にはなっていないんですけど、中井亀治郎はサルを追い続けられたといいます。すごいなと思いますよ。サルもさぞびっくりしたことでしょうね（笑）。

前野　ははは（笑）。できるかできないか、という判断も、近代西洋型の分割・分析・分断思考ですね。

甲野　この人の身体は針金を撚《よ》り合わせたような細かい筋肉に覆われていたそうです。いわゆる筋トレでつくる筋肉とはまったく違う。身体を上手につかうには、筋肉の緊張と弛緩の変化が速やかであることが絶対的に必要ですが、このように細かい筋肉は短時間で速やかに緊張、弛緩できます。しかし、いわゆる筋トレでつくったモッコリした筋肉は、力が抜けるのに時間がかかってしまうんです。

前野　なるほど。

甲野　中学生の指導では10人対1人で練習試合をしていたといいます。剣道の試合なのに「相手が倒れたら負け」

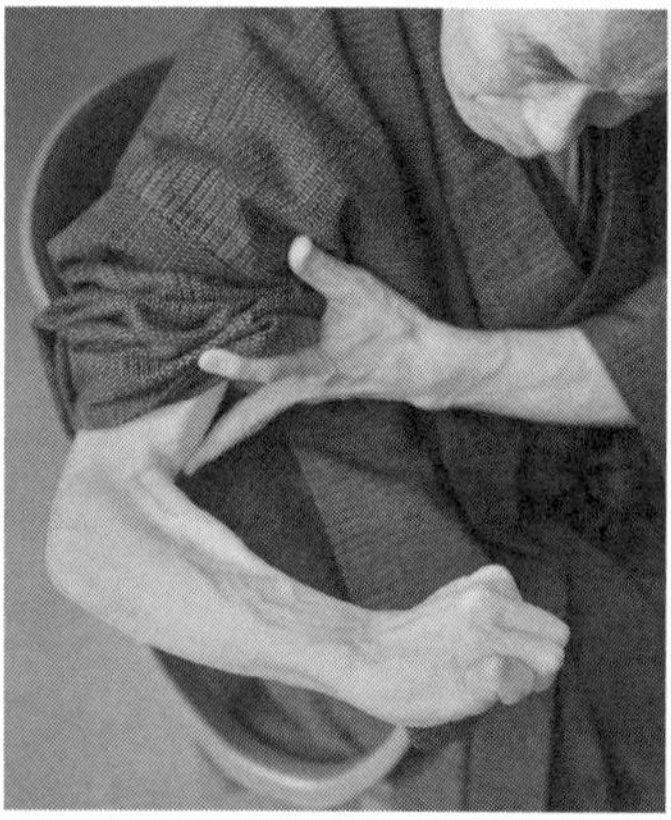

「亀治郎にはほど遠いですが、わたしの腕の筋肉も、ちょっと普通と違うでしょう?」（甲野談）

というルールで、足搦《がら》みや体当たりで次々と生徒を倒し、10人の半分を倒すと2本もっていた竹刀の1本を捨てて、1人の生徒を捕えて背中に背負い、瞬く間に残りの生徒も倒したそうです。居合も凄まじくて、畳にとまっている蝿を一瞬で刃先に刺した、といった逸話もあります。もちろん畳にはわずかな傷もつけずにです。ただ奇癖があって、酒に酔うと、その場にある皿をバリバリ食べてしまう。それでみんな皿を隠したとか（笑）。伝説的なエピソードには事欠かない人ですが、大正7年に亡くなっています。

とにかくあまりにも凄まじいエピソードの連続なので、わたしもたいへん惹きつけられて、この逸話の数々が書かれていた剣道雑誌の連載を読みました。その後、どの程度これらの話に信憑性があるのか、どうしても気になったので、この連載を書かれた堂本昭彦先生に直接お会いして確かめたいと思い、当時徳間書店の編集部に勤務されていた永田勝久さん（現・剣筆舎代表）に頼み込んで、明治以降の剣道家の評伝を最も多く書かれている堂本先生とお会いしました。

そして堂本先生から「この連載を書くにあたって、十津川に行き、地元の古老の方々から、いろいろなエピソードを聞き、残っている文献なども読んで、それらの事実をまとめただけです」という証言をいただきました。

この連載は、その後徳間書店から出版された『明治撃剣家　春風館立ち切り誓願』という文庫本に、他の6人の剣客の評伝とともに「枝渡りの亀治郎」のタイトルで収められています。

前野　そんな人がいたんですね。

甲野　現在のウエイトトレーニングでいちばん良くないのは、やっている行為・動作に、気持ちが真剣に向かっていないところだと思うんです。つまり、安全な場所でやってるから、それなりに筋肉はつくけれど、亀治郎のような筋肉にはならない。木の枝を渡っていくためには、相当の集中が必要です。落ちそうになったら瞬時に次の枝を摑み、適切に身体を操作できなかったら、落ちてしまってたいへんなことになります。それで自然に、縄を撚り合わせたような細かい筋肉になったのだと思います。

前野　なるほど。鍛え方によって、筋肉にも大きな差がつくんですね。繊細で細かく多様な筋肉は、繊細で多様な動きを可能にする。一方、ウエイトトレーニングの単純な動きと単純な負荷で作った筋肉は、単純な動きには向いている。力ずくで鍛えると、ひとつのタスクにおいて大きな力を出すことはできる。しかし、想定外のことが起こる危険な場所や木の枝のような、多様な環境に対して繊細に対応するのは難しくなってしまう。ようするに、不器用になってしまうわけですね。近年のジム流行《ばや》りも、見直す余地があるのかもしれません。

人間の身体は冗長構造であり複雑系

前野　考えてみると、人間は、ロボットや機械とは違います。ロボットや機械は単純です。単純につくっておかないと、壊れたときの部品交換がたいへんなので、「ひとつの要素はひとつの機能」というのが機械設計の原則になっているのがその一因です。だから、たとえば、ひとつのアクチュエータ[21]にひとつのジョイントが対応するような設計をする。ところが、人間の身体は、ひとつの筋肉にひとつの動き、というような1対1対応になっていません。たくさんの筋肉でたくさんの動きをつくり出す冗長構造[22]です。複雑系。こんな人間の構造を活かしきるのが古来東洋型、なるべく単純化して機械のように合理的に動かすのが近代西洋型、ということもできそうです。

甲野　まあ、大雑把にいえば、そういう見方もあるかもしれません。

前野　身体と心のアナロジーが腑に落ちました。心も同じですよね。単純かつ合理的に、型にはめて、善悪、正誤、自他、敵味方の判断をして分断を生むような心をつくってしまうと、多様な環境に繊細

21—**アクチュエータ**（actuator）入力されたエネルギーもしくはコンピュータが出力した電気信号を、油圧や電動モーターによって、並進または回転運動に変換する駆動装置を指す。

22—**冗長構造**（redundant structure）ひとつの機能に複数の手法を備えるシステム構造のこと。たとえば、コンピュータやシステムに何らかの障害が発生した場合に備えて、予備装置を普段からバックアップとして配置、運用しておく構造のこと。

に対応することは難しい。一方、緊張感と集中力のある状態を繰り返すことによって、繊細かつ細かい心をつくっておくと、小さな変化にも総合的かつ機敏に対応できる。前者を近代西洋型、後者を古来東洋型、と分類するのはステレオタイプ過ぎるかもしれませんが、そういう傾向はありますよね。

甲野　まあ、そういう傾向はあるでしょうね。

前野　明治維新や大戦を経て、日本は近代西洋型のやり方を学びました。昔から日本にあった、和の精神、おもてなしの精神、そして、繊細かつ機敏に美を感じる「道」の心が鈍くなり、一方で、合理的・効率的に正解を求め、経済戦争に勝つことを目指し過ぎたという気がします。

古武術をひとつの優れた事例として、日本古来の優れたものを見直すべき時代が来ているのかもしれませんね。はっきりと自分のいいたいことを明確化するアメリカのようなあり方に偏りすぎずに、機敏かつ器用に美しさや心の変化に配慮し気配りするような、さらにいってしまえば、意見を安易に決めすぎない、一見優柔不断であるように見えるしなやかさというか、そんな日本の良さをもっと再評価するべきだと思います。身体面でも、心の面でも。もちろん、武道のみならず、経営や、経済や、政治や、教育など、あらゆる面において。

第4章のリマインダー

❖現代人は古武術のような「無意識が関わっていること」を忘れがちである。
❖人間は現在の常識よりもずっと多機能で、複雑である。
❖誰かに教わり、反復練習をしても本当に「身につく」レベルになるのは難しい。
❖昔の人や辺境に暮らす人々は、見て覚える能力＝見取り能力が高い。
❖「努力」とは強要するものではなく、人知れず集中してやるのが健全な状態。
❖良い指導者は生徒や選手自身が道筋を見つけたかのように自分の痕跡を消す。
❖易しいものから難しいものへと順番に学ぶ学習プロセスは万能ではない。
❖「できない」という思い込みや予測が、可能なことを不可能にしている。
❖深い学びは意識的に得られるものではなく、無意識に「直《じか》に入ってくる」。
❖興味と緊張感の両者がそろっているとき、人は学びも深まり、抜群に成長する。

第5章
無意識が拓く幸福な未来

古武術から見る現代と未来

前野　ダグ・アモンズのようないわば「本物」は称賛を必要としない。古武術やヒモトレのような興味深い技術にも科学的な検証の難しさがある。そうすると、今後も称賛を浴びやすいものばかりに光があたり、こうしたものは陰に隠れて見えないという傾向は変わらないのではないでしょうか。というか、西洋近代型は、科学的・合理的・効率的・便利なので拡大に向くのに対し、古来東洋型は、検証困難・個別的・多様・繊細ですから、現代社会はますます前者の西洋近代型に向かってしまいそうにも思えます。

甲野　そうですね。社会はどんどん便利さを指向していますから、他から評価されようがされまいが、自分にとってたしかなものを追い求めていくという方向からは遠ざかっているのだと思います。

前野　でも、古武術や無意識、フロー体験といったものから得られる知恵は、近代西洋型に閉塞感を感じる人が増えている現代において、これからの未来を創るための手がかりにもなりそうです。

甲野　ええ。武術はなんといっても、人間のいちばん基盤にある「生き続けよう」という本能に直結していますから、わたし自身は、どのような時代になっても、最も必然性があるものだと思っています。ただ、どのような技術や能力にしても重要なのは「それで何をするのか」でしょう。わたしは、「人が人である喜び」が、便利さの追求によって得られるとは思えないのです。現代人もわざわざ不便な場所にでかけてキャンプをすることがあります。電気やガスのない不自由な状況で火を燃やし、飯を炊いて、楽しみを感じている。日常生活だったら「面倒だ」と感じてやりたがらないようなことに喜びを見出しているでしょう。

前野　たしかに。

甲野　これは「生きること、その営みそのもの」が喜びになる、ということだと思うんです。わたしは、人間は納得するために生きているのだと考えています。そのため、人はそれぞれのやり方で、自分の人生に納得するために生きていく。それでいいし、その納得のレベルを上げていくことが大切なのではないでしょうか。そういう観点に立つと、便利さばかりを追求した結果、原子力発電所から出る放射性廃棄物に怯《おび》えたり、マイクロプラスチック[1]が海洋生物を死滅させてしまったり、いいだせばキリがないほどの弊害が出ている現状には問題が多すぎます。人間が目覚めるためには地球が破滅す

1 ― **マイクロプラスチック**（microplastics）海洋などの環境中に拡散した微小なプラスチック粒子。大きさが1ミリメートル以下、ないしは5ミリメートル以下のものを指す。海洋を漂流するプラスチックごみが紫外線や波浪によって微小な断片になったものや、合成繊維の衣料の洗濯排水に含まれる脱落した繊維、また研磨材として使用されるマイクロビーズなどが含まれる。

る寸前までいくことが必要だ、なんていう人もいますけれど（笑）。

前野　わたしは、温暖化のグラフを見ていると、もう手遅れなんじゃないかと思うことがあります。あるいは、10年以内に手を打たないと、メタンハイドレート[2]が溶け出す温暖化の加速期に入ってしまうと警鐘を鳴らす研究者もいる。もうすでに破滅寸前じゃないかという気持ちにもなります。

甲野　たしかに、現代の環境問題はたいへんな危機的状況で、わたしも何とかしなければと思いますが、その一方で、最初にお話ししたとおり、わたしは「起こることはすべて必然であり、運命だ」という考えももっています。個人的な意見はもちろんありますが、同時に、今起きていることは受け入れるしかない。現在の社会は聖書に出てくるバベルの塔どころじゃないことをやっている。「17世紀以降の生き方は神の意志に背《そむ》いている」として、現代の生活を否定するアーミッシュ[3]の人たちの論理にも共感するところが多々あります。ありますけれども、原発が世界中に約400基、それが現実なのだから仕方がない。ここまで来た以上は、もう放射性廃棄物を無

2｜**メタンハイドレート**（methane hydrate）メタン分子を水分子がカゴのように囲む結晶構造をもつ包接水和物の固体。高い圧力と低い温度の下で保たれる分子構造であり、堆積物に固着して海底に大量に埋蔵されている。

3｜**アーミッシュ**（Amish）米オハイオ州・ペンシルベニア州などに居住するドイツ系移民を主とする宗教集団。農耕や牧畜による自給自足生活を営み、車の代わりに馬車をつかうなど、移民当時の生活様式を守っている。人口は20～30万人と推定されている。

化するような技術を発明できるところまで科学の発達を推し進めるしかないのかもしれないと思うこともあります。

前野　そこは難しいですね。

甲野　たしかに本当に難しいでしょう。100年くらい前までだったら、人の営みの良い悪いはわりとはっきりしていた気がします。でも、現代では、良かれと思ってやってきたことが人を苦しめたりすることが頻繁に起こるでしょう。便利になったことが、のちに人間の生存を脅かすことにつながったりもする。100年前には考えもしなかったことが起きている。

前野　あらゆる問題がトレードオフのような、がんじがらめになっている感覚はありますね。

甲野　現代社会が抱えている問題が深刻なのは、何かを解決しようとすると、経済問題など別の要因も絡んでなかなか進まなくなる。あっちを何とかしようとすれば、今度はこちらが問題になる、という状態になっていることが多いからです。

前野　歴史的に見れば、近代以降の日本では明治維新のあと戦争が何度かあって、結果的に数十年ごとにオールクリアしなければならなかった。復興するのはたいへんだけど、逆にいえば、イチからつくり直すこともできたわけです。でも、今はそういうことが起きにくくなっているので、社会のストレスがたまっているように思えます。

甲野　たまっていますね。それどころか、社会全体が相当整備されたことで、ますますオールクリアになりにくくなっている。かつては、人間のやることはちっぽけで、天地はとんでもなく大きいと思えました。ところが、今は昔の人が天地のなかの地だと思っていた地球がずいぶん小さく見えます(笑)。人間のやることが、その地球環境を脅かしている。「天地は悠久」といっていた時代とはまるで違う。

前野　違いますね。世界中で、SDGs[4]（持続可能な開発目標）をみんなで考えようという声は出ていますが、企業や政府、国際機関、研究機関がみな本気で取り組んでいるかというと、まだ……。

甲野　まあ一部には「地球なんてもうどうでもいい。宇宙はもっと広いんだから宇宙に出ていこう」という考えもあるのかもしれません。公害対策より宇宙開発、地球が住めなくなる前に宇宙に出ていけばいいという過激な思想をもった人間もすでにいると思います

前野　人類が愚かでなければ、その前に本気で解決しようとすると思いますし、思いたい。一気に方針転換をして、世界中の人が放射性廃棄物やCO_2の問題を本気で解くことを第一優先にする、というようなことになれば見込みは出てきます。

甲野　ええ。わたし自身の考えとしては、頭の柔軟な若い世代を既成概念なく育てて、諸

問題を解決するような画期的な研究に携わってもらいたいですね。文部科学省や教育機関には、何よりも、まず最初にそこに取り組んでほしいと思っています。学校の新学期を4月ではなくて9月に始めるとか、そんなレベルの議論はある意味、どうでもいいでしょう。

AIから見れば潜在能力はバグなのか

前野　未来の話になったので、AIについても、あらためてお聞かせください。AIが2045年に人間を超える（シンギュラリティ[5]＝技術的特異点）という説があります。米国の未来学者レイ・カーツワイルの説です。人間の脳はニューロン（神経細胞）というオン／オフスイッチがたくさんつながったものに過ぎないから、たんなる計算機の複雑版である。だから、当然、いずれは機械が人間以上になるというわけです。わたしも同意見なのですが、2045年はまだ早いと考えていました。でも、今日のお話を聞いていて、なおさら越え難いなという意を強くしました。どうでしょう。

甲野　部分的な能力、単純化された技能はあっさり超えると思いま

4｜**SDGs**（Sustainable Development Goals）2001年に策定されたミレニアム開発目標（MDGs）の後継として、2015年9月の国連サミットで採択された「持続可能な開発のための2030アジェンダ」にて記載された2016年から2030年までの国際目標。

5｜**シンギュラリティ**（Singularity）人工知能（AI）が人類の知能を超える技術的特異点およびそれがもたらす世界の変化のことを指す。カーツワイルは、AIは人類に豊かな未来をもたらしてくれる、という楽観的な見方を提示している。

す。ただし、人間は長所が欠点になったりするという複雑な存在です。ＡＩはそういう矛盾や葛藤がないのが強みであり、弱点だと思います。

前野　人間をトータルで超えることが目標だとすれば、まだ全然及びませんよね。ディープラーニングという優れた機械学習法の進展によって、ＡＩのパターン認識能力はすばらしいレベルに達しました。しかし、シニカルな言い方をすると、パターン認識能力だけがすさまじく高まっただけです。考えることや意志決定はできません。感情もない。まだほとんど何もできていないと思います。ただ、将来的には「心をもったＡＩ」はつくれるでしょう。以前からわたしは「つくれる派」なのですけど、ただ、今日のお話を聞いていて、その道のりは想像以上に遠い気がしています。

甲野　心は、感情や思考、意志決定だけでなく、無意識や潜在能力にも深く関わっています。ＡＩにとって、たとえば潜在能力はバグのように見えるのかもしれませんね。いざとならないと発揮されない能力ですから、現在では「そんなＡＩは不良品」でしょう。

前野　たしかに。ＡＩは基本的に人間が考えたとおりにしか動きません。予想外の答えを創造的に導くことのできるＡＩもありますが、それは、予想外の答えを導くようにセッティングしたから、その範囲でできているに過ぎません。現時点では、ＡＩが自分でコントロールできないような潜在能力はもちようがない。なぜなら、当の人間が自分の潜在能力について[6]形式知化できていないからです。そんなものはＡＩに組み込みようがない。ここが問題なのです。人間が、まだ人間について理解していない部分をＡＩに組み込むことはできません。少なくとも現状では対処できません。

甲野　気の利くタイプの人は、気の利かない人を見るとイライラすることがあるでしょう。つまり「気が利く」という長所が、ストレスの源になっているわけです。ＡＩにそういうことは起きないはずですが、今のＡＩには、「気の利かない人」のような感じを受けます。それは、専門に特化していて事前に定められた機能のみを発揮するからでしょう。

ただ、今後どんなＡＩが出てくるかはわかりません。ひとついえるのは、ＡＩが間違うようになったら想像を超える存在になるのかなということです。これはわたしと森田真生さんとでやっているセミナー「この日の学校」で森田さんがいっていたことで、わたしもそれを聞いて目からウロコが落ちる思いをしました。画期的な発明は間違いや失敗から生まれるものですから。

6―形式知　客観的にとらえることができ、文章や図表、数式などによって説明・表現できる知識のこと。明示的知識とも呼ばれる。対になる概念として、長年の経験や勘に基づく「暗黙知」がある。

前野　気が利くというのは、さまざまな問題について、いつも気配りしているということですから、気の利くＡＩは究極のＡＩになるかもしれません。ただ、最近のＡＩは、試行錯誤を繰り返して学習するんです。そういう意味では、このタイプのＡＩは、間違いを積み重ねているともいえます。ただし、与えられた問題設定の範囲で間違っているだけです。自分で問題をつくることもできないのですから、ＡＩがあらゆることに気配りしたり、間違いを起こしたりする日は、まだ遠いと思います。

甲野　そうですね。やはり現段階でイメージできるのは、ホテルの客室案内のようなことでしょうか。さまざまなケースのデータを学習しておけば、かなり人間に近いレベルのことができそうです。

前野　顔認識とか、自動翻訳など、多少高度なことができるようにはなってきました。しかし、心がないので、相手の痛みや悲しみを感じたりはまだできません。でもパターンを蓄積することで、それに近いことはできる。

甲野　コミュニケーションの不思議なところですが、愛玩用のロボットに愛着を感じる人は少なくないようですね。おもしろいなあと思うのは、声です。

前野　ほお。

甲野　ロボットにせよ、アニメの登場人物にせよ、造形はかなりデフォルメすることが可能です。相当デフォルメされたものでも、わたしたちは人間や犬のように受け入れることができる。ところが、声は違うようです。声色やアクセント、イントネーションが機械的だと、とたんに違和感が強くなってしまう。

前野　なるほど。視覚情報は、かなりデフォルメされていても、そのものの本質的な特徴を残していればわたしたちはそれと判断できます。同じように、音声情報でも、何かその人の特徴となるものをうまく残しておけるようになれば、音声のデフォルメもできるのかもしれません。

甲野　音声のデフォルメは難しそうですね。人間の感情は、もしかすると視覚より、聴覚に多大な影響を受けているのかもしれないと思うのです。目から受け取る情報は非常に多いとされていますが、それは客観的なものでしょう。その点、音は空気の振動ですから、肌感覚に近いのかな、というわけです。聴覚に障害のある人も、肌の感覚や骨に伝わる振動には敏感だといいます。原始的な動物を見ても、分化する前から触覚だけはある。嗅覚も肌感覚に近いと思います。匂いは、記憶の深いところに直結しています。嫌な匂いは一旦嗅いだら、忘れない。言葉にできないぶん、感情や心に直に関わっていますよね。

前野　はい、人間の五感で得る情報のうちの7割とか9割が視覚による、という説は都市伝説のようなもので、あまり根拠はないと思います。無意識のうちにどの感覚情報をどれくらい利用しているかは、測りようがありませんからね。おそらく、そうした研究では無意識は考慮に入れず、意識できる部分だけを測っているのではないでしょうか。意識的に利用されている情報だけを見れば、視覚によるものが多いのかもしれません。

　しかし、おっしゃるとおり、客観的に測れる情報以外の情報、つまり、言葉にできない、原始的な感情や行動に影響するような情報の量では、聴覚のほうが視覚よりも優れている可能性は十分あると思います。

甲野　ええ。

前野　そもそも、生物は、原始生物から始まって、魚類、爬虫類、両生類、哺乳類へと進化してきました。人間の意識をつかさどる大脳皮質[7]が巨大化したのは、生物進化史から見たら、ほんの最近のことです。つまり、人間の脳と身体において、客観的に意識される情報処理は、意識できない無意識的で原始的な情報処理に比べると、ほんの氷山の一角に過ぎない。ただ、言語化できるほうが研究しやすいので、その氷山の一角の研究だけをして、なんだかわかった気

7―**大脳皮質**（Cerebral cortex）大脳半球の表層を覆う灰白色の部分。その厚さは場所によって違うが、1・5～4㎜程度。旧皮質、古皮質、新皮質から成り立っており、知情意、言語、随意運動、感覚、本能行動などをつかさどっている。

8―**山岡鉄舟**（やまおか てっしゅう／1836～1888年）幕末から明治時代の剣術家・政治家。千葉周作門下で無刀流剣術の流祖。1868年戊辰戦争の際、勝海舟の使者として西郷隆盛を説き、江戸城開城のための両名の会談を実現させた。維新後、明治天皇侍従などを歴任。

になっているに過ぎないのではないかと思います。

たとえば、発達心理学という分野でおもに議論されるのは、乳児から成人までの発達について です。それ以前の精子と卵子が受精してから生まれるまでの学習や行動の研究はあまり進んでいない。母体のなかにいて、まだあまり運動や行動をしないので、観察的な研究以外はしにくいのですが、本当は、ここに、凄まじく大量の生物の不思議が展開されているのかもしれない。

甲野　それはそうでしょうね。

前野　以前にも話が出ましたが、人間の胎児は、発生の初期には魚類や両生類の胎児にそっくりです。このとき胎児は、過去の生物だったころの履歴を経験しているともいわれています。この時期に深遠な無意識的なプログラムが展開されているのだとすれば、まさに現代のＡＩがまったく到達していない無意識の領域、古来東洋型に学ぶべき領域といえるでしょう。

死との向き合い方

甲野　現代と昔とを比べて根本的に違うなと思うのは「覚悟」なんです。

わたしが高校生のとき初めて「尊敬する人物」として意識した、幕末から明治にかけての英傑・山岡鉄舟[8]が師事した禅僧のなかでも、とくに鉄舟が大きな影響を受けた僧として有名なのが、[9]滴水宜牧和尚です。この滴水和尚のいた林丘寺は門跡で、寺格が良いので政府からお金が出ていたそうですが、ある人が「政府がもしお金を出さなくなったらどうしますか？」と聞いた。そうしたら滴水和尚は「そりゃ托鉢でもするだろう」と答えたそうです。そこでその人が重ねて「では托鉢を法律で禁じられたらどうしますか？」と尋ねると、「そりゃ死ぬだけだろう」と呆れたように返答して「あなたは何とかいう大学も出てずいぶん学があるそうだが、そんなこともわからないのかね？」と不思議そうにいったとか。

前野　ははは（笑）。

甲野　食べなければ死ぬのは当たり前でしょう、というわけです。

前野　たしかに、そのとおりですね。でも、そういう腰の座り方はなかなかできなくなっているかもしれません。

甲野　ええ。覚悟が決まっている。「とにかく長く生きられること」「1秒でも長く生かすこと」を良しとする現代では、消えつつある感覚ですね。しかし人間、自分の最期をどうしたいかは考えておく

9―**由理滴水**（ゆり てきすい／1822～1899年）江戸末期から明治初期にかけての臨済宗の僧侶。諱《いみな》は「宜牧」。道号の「滴水」は、手桶の余り水を何気なしに捨てたところ、師の儀山善来に「一滴の水をも活かせ、一滴の水を無駄にすることこそ殺生なり」と叱責され、その後の人生を大きく左右したことが由来。

べきでしょう。聖書にも「あなたの若い日に、あなたの造り主を覚えよ。悪しき日がきたり、年が寄って、『わたしにはなんの楽しみもない』というようにならない前に」（コヘレトの言葉）とあります。わたしはキリスト教を信仰してはいませんが、この「若い日に造り主を覚えよ」の言葉を「若い日に人間いかに生きるべきかを真剣に考えよ」というふうに読み解けば、この言葉はすべての人にとってよく味わうべき言葉だと思います。

前野　なるほど。武士の切腹の覚悟とも通じるところがありますね。現代人に「武士はいつでも切腹する覚悟があった」と話すと、「なんて野蛮で、命を大切にしない考え方なんでしょう」という反応になる。もちろん、身分制度の象徴のような捉え方もできますが、一方では精神性の高さの証明であるということが、現代人には理解し難くなってきているのかもしれません。切腹も辞さないというのは、常に一瞬をイキイキと生きるということだと思うんですよね。

甲野　「とにかく長く生きられることがいい」という価値観は一方的でやはりおかしいと思います。人間は納得したい生き物なんです。昔から「死にどころを間違えた」、「あそこで死ねばよかった」という表現があるように、自分という作品の決着をどうつけるかが大切なのではないでしょうか。こういうことをはっきりいうとあちこちから非難されるのかもしれませんが、自分もそれなりの年齢になったので、やはり生命維持を機械でおこなうような、生かすだけの医療技術には違和感があります。国の予算は足りないのですから、なおさらです。昔の人なら、食えなきゃ死ぬのは当たり前。それが人として生まれ、生きていくうえでの基本的覚悟だったのだと思います。

前野　オランダや北欧諸国では、胃ろうはしないようですね。さまざまな議論や意見がありますが、高齢者の「死ぬ権利」を重視しているという印象があります。経済的にもそのぶんを、教育など若い世代に振り向けるという方針です。

甲野　そうですね。現代の日本では、こういうことは思っていても、表立ってはいいづらい。タブーのような風潮も感じます。ですが、若いうちから「自分はどう生きるか」という覚悟があれば、違ってくるはずです。人間は他の動物が生きるための地球環境をこれだけ犠牲にしておいて、自分たちだけ助かろうだなんて、虫が良すぎるじゃないですか。医学の発展のため、という名目でずいぶん多くの動物を実験につかっていますし、あまりにも自分勝手な人間の在り方は、本当に問題だとわたしは思っています。

前野　おっしゃるとおりです。

無意識に湧きあがる罪悪感

甲野　人間はやはりあまりにも虫が良すぎるのではないでしょうか。これは本気で思っているんです。まあ、人間は特別な存在とする価値観もあるかもしれません。でも、生きとし生けるものの命を、一方的に奪うことにはやはり抵抗があります。また、人が人を差別し迫害することも、本当にあってはならないことだと思います。ですから、わたしは北海道に行くのが苦手なんです。

前野　北海道？　どうしてですか？

甲野　何度か行っているのですが、今でもアイヌ民族が迫害された跡というか、気配があちこちに残っているんです。奈良あたりの山奥にある古い神社はすごくいい感じがするんですけど、北海道の神社は見た瞬間、ぎょっとしました。

前野　ほお、感じますか。わたしが企画委員をしているホワイト企業大賞[10]の企画委員長、天外伺朗[11]さんも同じようなことをおっしゃっているんです。それで、迫害されたアイヌ民族のためにと、日本各地で鎮魂の旅を続けておられます。おそらく、同じ感覚なのでしょ

10—ホワイト企業大賞　ホワイト企業大賞企画委員会では、「社員の幸せと働きがい、社会への貢献を大切にしている企業」をブラック企業の対極の「ホワイト企業」と位置づけ、年1回「ホワイト企業大賞」ならびに、それに付随する賞（年によって異なる）を選定し公表、表彰している。

11—天外伺朗　（てんげ しろう／1942年〜）本名は土井利忠（どい としただ）技術者・経営者。ホロトロピック・ネットワーク代表。ソニー勤務時代、コンパクトディスクや犬型ロボットAIBOの開発を手がけたことでも知られる。同社業務執行役員上席常務やソニー・インテリジェンス・ダイナミクス研究所社長兼所長なども務めた。

うね。

甲野　北海道の雄大な風景と、神社のそぐわなさにとても違和感を覚えるんです。おそらく制圧の象徴として置かれた神社だからでしょう。本当にひどいことをしたんだろうなと強く感じます。

前野　ああ、なるほど。

甲野　そういう感覚がずっと以前からわたしのなかにあるのですが、そのためか、ある一時期、現生人類がネアンデルタール人[12]にひどいことをしたのだな、と思って、それで辛かったこともあります。まあ、ここまで来ると普通は理解されませんが（苦笑）。

前野　すごい（笑）。人類の罪を、人類の代表として自分で背負って、辛く感じるということですね。すごい俯瞰力ですね。でも、わかります。わたしも、人類の愚かさを憂えて悲しくなることがあります。

甲野　ときどきあるんですよ。そんなことまで気にしなくてもいいだろうと自分でも思うんです。でも、どうしても気になってそれで辛くなってくる。もう20年くらい前ですが、宮崎駿監督の『もののけ姫』[13]を観たあとは、人間がどれだけひどい環境破壊をしてきただ

12―**ネアンデルタール人**（Neanderthal）約40万年前に出現し、2万数千年前（4万年前とする説もあり）に絶滅したとみられるヒト属の一種。発見された当初は現生人類ホモ・サピエンスとは異なる種とされていたが、現在ではホモ・サピエンスの一亜種であるとする見方が一般的。

13―**もののけ姫**　1997年7月に公開されたスタジオジブリ制作の長編アニメーション映画。宮崎駿監督が構想に16年、制作に3年をかけた大作で、興行収入193億円は当時の日本映画の最高記録となった。

ろうかと、あらためて思い知らされた気がして3カ月くらい落ち込みました。その後宮崎監督とお会いして、2000字にも及ぶ長文のお手紙をいただきましたが、宮崎監督のなかにも、わたしと似たような思いがおありなのだと思いました。

前野　そうだったんですね。

甲野　個として見れば、ネアンデルタール人のほうが、現生人類よりも大きく、力も強かったそうですね。しかし、声帯の構造などから、多くの種類の声を発するのがうまくなかったと考えられています。つまり、相互の細かい情報伝達に難があった。そのため、集団でおこなう仕事になると、現生人類にはまるで敵《かな》わなかったようです。

前野　現代人には、ネアンデルタール人のDNAが少し入っていますよね。

甲野　ああ、アフリカ人以外はちょっと入っているそうですね。

前野　ですから、どの程度制圧したのか、あるいは共存していたのかについては、諸説あるようです。

甲野　たしかに共存していた時期はあったでしょうし、個人的には交流もあったでしょう。けれども結局は、滅ぼしてしまった。少なくとも滅びるのを助けようとはしなかったでしょう。自分のなかにある贖罪意識はやはり完全には消えません。

前野　わたしが辛くなるのは、都心の風景です。便利で快適だな、と感じることもある一方で、完全に人間だけの都合でつくり変えてしまったということに強い罪悪感を抱くことがあります。青く美しい地球の表面から木々をひっぺがしてコンクリートで固めているんですから、ひどいものですよね。自分たちの種だけ、異常繁殖している。なのに、ほとんどの人はそれで平気です。もう、鈍くなっているのか、それが普通だと思っている。自分も含めた人類の愚かさに、その一員として、悲しくなります。

甲野　わかります。わたしも20代のころは、川にプラスチックの袋が浮かんでいるのを見るだけで、数時間落ち込んでしまうことがありました。電車に乗っていると「自分がもっている物すべてを隣に立っている人にあげて、このまま消えてなくなりたい」という衝動に襲われることも、年に一度くらいあった。それがなくなったのは、子どもが生まれてからです。でも我々は、他の動物や、自然環境に対して、本当に取り返しがつかないことをしてしまったという思いは消えません。

前野　そうですね。

甲野　正直、めんどうくさいですよ。自分の性格がめんどうくさくなります。よく付き合ってるなと自分で思ったりしますけど、今さら離れるわけにもいかないですから（笑）。

前野　ははは（笑）。でも、それは現代人なら誰もが無意識に感じている感情なのかもしれませんね。多くの人は考えないようにしている。あるいは、忘れ去っている。現代人を代表して、そういう感覚を感じてくださっているとも捉えられそうです。

甲野　まあ、そういう自分が生き続けるためにも「これらすべては、そういう人類のシナリオなのだ」という「人間の運命は完璧に決まっていて、同時に完璧に自由である」というわたしの確信を追究していこうとしているのだと思います。

前野　ああ、なるほど。

運命が決まっている、という自由

甲野　わたしは俳優を対象とした講座もやっているんですが、演劇には脚本があります。すごく悲劇的なドラマだったとしても、登場する役者が「こんな展開は悲しすぎる」と勝手に筋を変えることはできません。脚本はすべて決まっている。だからこそ、役者はその決められた筋のなかで、自分に割り振られた自分のやるべき役をいかに演じきるか、それしかないんです。そして、それだからこそ感動がある。

前野　はい。

甲野　運命と自由を考えるときに、わたしが思い浮かべる人物の1人が、戦前最大の新宗教であった大本教[14]の出口王仁三郎[15]です。大本で「聖師」と呼ばれていた王仁三郎は不敬罪などで国家にさんざん弾圧されました。でも多くの資料を読んでいると、迫害されることをわかっていて行動していたことは明らかなのです。たとえば、当時、天皇を象徴する白馬に乗り、中国の[16]紅卍会から贈られた「尋仁」という「仁」の付く名を名乗り、[17]黄櫨染という天皇しか着用を許されない染め方の衣装を着用する。そんなことをすれば不敬罪で捕まることはわかっているのにやった。なぜなら「自分の役目がそうである」と確信していたからなんです。

前野　そうなんですか。

甲野　ええ。自ら引き受けてやっている。自分の感じたことに、ものすごく忠実だったのだと思うんです。いわゆる[18]「大本事件」では、壮大な神殿などの建物も１５００発以上のダイナマイトで爆破されています。これについても、神殿の建設時に「これもいずれは壊されてしまうのか」とさみしげにつぶやいているのを、仕上げの作業をしていた職人が目撃していたという話が残っています。弾圧されることを知っていて、建設している。

前野　いずれ壊れるとわかっていて、そうしたというわけですか。

甲野　ええ。神が脚本を書いた芝居を演じるのが、自分の役割とい

14―**大本教**（おおもときょう）「艮の金神（うしとらのこんじん）」と名乗る神が憑依した出口なおと、なおの娘すみの婿である出口王仁三郎が１８９８年に興した神道系新宗教。正式名称は「大本」で「教」をつけない。

15―**出口王仁三郎**（でぐち おにさぶろう／１８７１〜１９４８年）新宗教「大本」の二大教祖の１人。肩書きは「教主輔」、尊称は「聖師」。「国家神道」と反する教義を展開し、政府の弾圧を受け、7年近く投獄された。同教団の根本教典『霊界物語』全81巻83冊を口述筆記で物した。直弟子の１人に合気道の創始者、植芝盛平がいる。

うことです。日本は戦争に負けるけれども、自分がそうすることによって、命脈をつなぐ。自分の役目はそれだ、ということですね。

前野　予言の信憑性はわたしにはわかりませんが、自分の確信にそこまで忠実だったというのはすごいなと思いますね。

甲野　運命を生きる自由を体現した人なのだと思います。以前にも少しお話ししましたが、浄土真宗でいう本願他力にも通じるところがあると思います。「妙好人《みょうこうにん》」と呼ばれる、何の学問もなくても信仰によってズバ抜けた境地を得た人の1人に「赤尾の道宗[19]」と呼ばれた人がいました。「この人はすごい」という評判を聞いたある僧侶（天台宗の僧侶ともいわれていますが）が「化けの皮をはがしてやろう」と、田んぼの草取りをしていた道宗の尻を蹴とばして、転ばせた。すると、道宗はまるで自分で転んだかのように平然と立ち上がって、また草取りを始める。それをもう一度蹴とばすと、またわっと転ぶ。しかし同じように平然と草取りを再開した。さすがにその僧も呆れるというか、感心して「お前は見知らぬ者に理由もなく蹴転ばされて腹が立たないのか」と思わず尋ねたそうです。

16―**紅卍会**　（こうまんじかい）正式名称は「世界紅卍会」。道教系の宗教団体「道院」に付随する修養慈善団体。戦前の中華民国及び満州において赤十字社に準ずる組織として活動した。

17―**黄櫨染**　（こうろぜん）染色の一種。黄色みがかった茶色。ウルシ科ハゼの若芽の煎汁に蘇芳（すおう）を重ね染めし、酢、灰などを用いて染色した色。嵯峨天皇以来、天皇の袍（ほう）に用いられる。

18―**大本事件**　（おおもとじけん）「大本」の宗教活動に対して、当局がおこなった統制。1921年の第一次と1935年の第二次の2回があり、宗教活動は一切禁止され、全国の施設が破壊された。

19―**道宗**　（どうしゅう／生年不詳～1516年）は、室町時代後期の浄土真宗信徒。越中国五箇山赤尾谷の出身であることから「赤尾の道宗」と呼ばれた。

前野　そう思いますよね。

甲野　すると「前世の借金払いだ。まだまだ残っているかもしれん」といったそうです。つまり、我が身に起こることはすべて「そういうシナリオなのだ」と引き受けている。

前野　ああ、起きることはすべて決まっている。だから、蹴転ばされても、そういうものだということになるんですね。

甲野　まあ宿業《しゅくごう》があって起こると確信しているからでしょう。そして何が起きても弥陀の本願に任せているから、すべて受け入れる。ここまで来ると、もう「覚悟が決まる」どころじゃない。まさに与えられたシナリオを生きている俳優そのものです。その瞬間瞬間に起きることは自分の人生のシナリオで、すべては阿弥陀如来の本願にお任せしてあるから受け入れるのみ、ということなのでしょう。

「信仰」という運命の受け入れ方

甲野　そうやって考えていくなかで、信仰というものをあらためて考えたきっかけは、Tさんという若者とメールマガジンでおこなった往復書簡でした。彼は中学生のときに強迫神経症になり、手を1時間以上洗い続けたりしていたそうです。それでアメリカの[20]ジェフリー・M・シュウォーツ博士『不安でたまらない人たちへ』（草思社）という本で紹介されていた[21]暴露療法を自分で実践して、症状を改善させた。そのときから、人生の意味や、生と死について考えるようになり、信仰というものに強い興味を抱いたといいます。さまざまな宗教についての文献を渉猟する一方で、自分の考え方のバランスをとるために無神論に関する本も読んで、考えたりしていたそうです。

前野　ええ。

甲野　そうして、ある素晴らしい牧師さんと巡り合った。一時は彼自身が洗礼を受けようかとさえ思ったそうです。ただやはりそこまでキリスト教を信じきれなかった。信仰というのは、やはり最後は理論ではなく、谷を飛び越えるような飛躍が必要だと思ったといいます。そこでTさんは、その牧師さんに「なぜそこまで神を信じることができるのですか？」と質問した。すると、「神は、問えば必ず答えが返ってくるからです」と答えられたそうです。

前野　おお。

甲野　神とのやりとりですから、実際には自問自答のようなカタチなのでしょう。祈っているとフッと心に浮かんでくるその答えは、

20―**ジェフリー・M・シュウォーツ**（Jeffrey M. Schwartz）医学博士。カリフォルニア大学ロサンゼルス校医学部精神医学研究教授。強迫性障害（ＯＣＤ）治療の世界的権威。『不安でたまらない人たちへ』（Brain Lock）は世界的なベストセラーとなった。

21―**暴露療法**（Exposure therapy）認知行動療法のひとつ。恐怖症、パニック障害、強迫性障害などの不安障害やＰＴＳＤ（外傷後ストレス障害）などに効果があるとされる。患者が恐怖を抱いている対象に危険を伴うことなく直面させ、不安や苦痛を克服することを目的とする。

ときに自分の表の意識では予想もつかないような答えだったのだろう、と思います。ですから、問えば必ず返ってくるし、その答えにはたしかな実感がある。

前野　ああ、それはおもしろい。科学にスタンスを置くわたしから見ると、それは、神にアクセスしているつもりで、心の中の無意識の領野にアクセスしているように見えます。巨大な無意識の部分に、太古の知恵が蓄積されている。ご先祖の知恵も畳み込まれている。だから、意識で考え過ぎずに、無意識に聞けば、答えは必ず見つかる。

甲野　真言宗の高僧などは、[22]菩薩や如来を「親戚のおじさんのような存在」と感じられているみたいですね。親しい親戚のように「頼めば必ず聞き届けてもらえる」という実感がある。裏切られることは決してない。これには本当にたしかな実感があるようです。

前野　安心感ですね。

甲野　それはもうたいへんなレベルの安心でしょう。でも、大半の人はそこまで信じ切ることはできません。あらためてそうして考えてみると、[23]親鸞上人がすごいのは、信じ切れない人の立場に立ち続

22―**菩薩や如来**　仏教において菩薩は悟りを求める衆生を意味し、如来は仏陀のことで、真理（如）にしたがって来た者、真如より現れ出た者の意味。

23―**親鸞**　（しんらん／1173～1262年）鎌倉時代の日本の僧。浄土真宗の宗祖とされる。法然を師と仰ぎ、生涯にわたって、法然によって明らかにされた浄土往生を説く教えを継承した。浄土真宗の立教開宗の年は親鸞の著作『教行信証』が完成した宝治元年（1247年）とされる。

24―**鎮魂帰神**　（ちんこんきしん）魂を鎮めて精神を統一し、無我の境地に至り、神と一体化すること。

けたことだと思うんです。明治以降の知識人が親鸞の教えや、その弟子が記した『歎異抄』に惹かれたのは、そうした側面があるからではないでしょうか。つまり近代の教育を受けた者たちは「信じ切れない者の悩み」に共感していたと思えるんです。

前野　そうですね。「南無阿弥陀仏」と唱えれば救われる、という親鸞の他力本願の教えは、大乗仏教のひとつの頂点ですよね。武士の仏教である禅宗のように座禅を組んで空《くう》を目指すのではなく、平民の宗教である浄土真宗では、「信じればそれでいいんだよ」ということを徹底する。これも無意識へのアクセスと考えてよいと思います。「いくら信じられなくても、どんなに悪人でも、大丈夫。信じれば救われるよ」と徹底的に包容されれば、人はいわゆる心理的安全性を感じます。無意識の自分を信じられるようになる。すると、大丈夫になる。

本当のことはわからない

甲野　ただ、実際に特定の宗教を信仰するのは簡単ではありません。とくに新宗教の場合。たとえば、さきほど例に挙げた大本教[24]も、出口王仁三郎のような桁違いのスケールな人がいた一方で、大本の鎮魂帰神などに熱中しすぎて滑稽なことになってしまったり、悲惨な末路を迎えたりする人も多かったようですからね。昔のことですが、新宗教の勧誘を受けたりすると、わたしはこの大本の例なども挙げて徹底的に議論したものです。すると不思議なもので、喫茶店の客がいなくなるし、入ってこないんです（笑）。

前野　ははは。

甲野　広い店だと、我々のまわりに半円形に結界ができたようになるんです。大きな声を出したり、怪しげな風体だったりするわけでもありません。でも、人間にはそういうものを察知するレーダーがあるようです。

前野　ああ。

甲野　この逆が、以前、話に出た整体協会の野口晴哉先生ですね。寿司屋とか、レストランに入っていると、あっという間に満席になってしまうので、お店の人から「福の神」なんて呼ばれていたそうです。また甲子園常連校として有名な智辯学園を運営している辯天宗。その教祖である[25]大森智辯という人も、若いころ、ちょっと頼まれてタバコ屋の店番をしていると客が次々と来たそうです。そこにいるだけで、人が来る。人間には無意識のうちに自分を癒す存在を探知する能力があるんだと思います。

25―**大森智辯**（おおもり ちべん／1909〜1967年）昭和期の宗教家、辯天宗宗祖、智辯学園園長。1934年、辯才天の神示を受けて、52年に辯天宗を立宗した。

26―**ミルトン・エリクソン**（Milton H. Erickson／1901〜1980年）アメリカの精神科医、心理学者。催眠療法家として知られる。アメリカ臨床催眠学会の創始者で、初代会長も務めた。

27―**大倭**（おおやまと）1945年8月15日、終戦の日に法主矢追日聖が立教開宣をしたことに始まる新宗教。「顕幽不二　還元帰一」の心で社会福祉への貢献を目指す。「大倭」は大親元（おお おやもと）がなまったものが語源という。

前野　五感ではわからないものですね。科学では捉えられない。でも、無意識のうちに察知している。

甲野　精神科医ミルトン・エリクソン[26]には、驚くようなエピソードがたくさんあります。たとえば海岸で2年前に診た患者と再会したとき「先生お久しぶりですね。こんな偶然もあるんですね」といわれ「偶然ではないよ。2年後ここに来るように、君に暗示をかけておいたのだから」と答えたという話があります。

前野　すごいですね。でも現代社会で、そういう人物にお目にかかることはめったにないように思います。科学的な思考が優位になったことで、減ってしまったんでしょうか。

甲野　うーん。まあ昔も、これほどの人はほとんどいなかったと思いますが。

前野　新宗教もそうですよね。問題点を抱える団体も多々あるようですが、その一方で、ある道を極め、多くの人から信望を集めるような伝説的な人物もおられたという話がたくさんあります。

甲野　そうですね。新宗教のなかには、それだけの実力があったから、開祖になられた素晴らしい方もいらして、わたしもたいへんお世話になった奈良の大倭教の矢追日聖法主[27]などは、非常に尊敬できる方でした。

前野　そうでしょう。新宗教といえど、そのすべてが迷信や都市伝説ではないでしょう。

だとすれば、わたしたちはある種のセンサーが働かなくなってしまっているのかな、とも思うんです。気づかなくなっているというか。

甲野　たしかに、それはあるかもしれません。その代わり、別のセンサーが敏感になっている気もします。たとえば、最近の若い人たちは仲間はずれを恐れてか、目立つことを嫌がりますよね。ですから、メールが来たらすぐに返さないとマズイと感じるセンサーとか。

前野　なるほど、そういう感覚はたしかに鋭敏になっていますね（笑）。

甲野　はっきりと、近代化でなくなったのは狐や狸に化かされる人でしょう。昔は田舎に行くと、そういう不思議な話が必ずひとつやふたつはありました。同じ場所を何度も行ったり来たりして「あれは絶対に狐のせいだ」とか。わたしも祖母から、そういう話はいろいろと聞かされました。

前野　どうしてですかね。

甲野　教育の普及で、そういうふうに思わない人が増えた、というのは大きいと思います。

前野　催眠術みたいなものですかね。迷信深かったというい方もできそうですが、現代人は逆に科学催眠術にかかっているともいえる。

甲野　それはそう思います。ただまあ、「何か催眠術みたいだ」といっても、催眠術自体よくわかっていないようですが。わたしはこういう仕事をしているせいか、自然とそういう類《たぐい》の話をよく耳にしますし、さきほども申しましたが、以前は新宗教の勧誘にもよく声をかけられました（笑）。

前野　ははは。わたしも幸福学という学問をやっているので、怪しげなものの仲間だと思われてしまうことがあります。現代社会における幸福を研究することは、進歩主義的なものへのアンチという側面があるからでしょう。残念だなあ、と思います。

甲野　宗教の一種だと勘違いされたことはありませんか？

前野　どこかの信者だと間違われたことはありますね（笑）。

甲野　ははは（笑）。わたしがおもしろいなと思うのは、新宗教やスピリチュアル系のぶっ飛んでいそうな人の話も、よーく聞いていると、ステレオタイプな言い分が必ずといっていいほど混ざっているところです。わたしを何とか説得しようとして「でも科学的には」なんていい出す瞬間がある。「さっきまで科学を批判していたのに、どうしてここだけ科学なんですか」なんてツッコミを入れてしまいます（笑）。

前野　どうしてそうなるんでしょう。

甲野　現代人を説得するためには、科学的な説明が不可欠になっているからでしょう。

前野　なるほど。現代とは、宗教を信じられなくなった時代ともいえますからね。

甲野　子どもがデタラメな言葉を連続的にいって、「これは宇宙語」みたいなことをいうことがありますよね。あれもよく聞いていると、たいていは同じパターンの繰り返しです。デタラメなのだから本当にめちゃくちゃにいえばいいのに、本当にデタラメをいい続けることはすごく難しい。結局は、自分の頭に浮かんでくる音の繰り返しになってしまう。だから、量子力学とか現実の物理学のほうが、人間がいろいろと想像を働かせるよりも、はるかに思いがけない話になっている気がします。まあ、「事実は小説より奇なり」ということですね。

前野　ええ、たしかに。

甲野　新宗教とか、スピリチュアル系の人たちとの関わりを恐れる人は多いですが、わたしは自分を試す良い機会だと思っています。そういう人とやりとりをすることで、自分のなかにある「生きるということ」のたしかさ、わたしの根本的な思想である「人間の運命は完璧に決まっていて、同時に完璧に自由である」について確認、検討ができますからね。

前野　ああ。でも、実践するのは相当難しそうですね。

甲野　それは、多くの人が「人間が生きるとはどういうことか」ということを、受験勉強以上の思いを傾けて考究したことがないからでしょう。わたしの場合、スピリチュアル系の人たちや新宗教関係の人たちといくらでもお話はできるし、そういう人たちと話すなかで共感するところもあるのですが、でも、どこかでものすごくクールに見ています。それは、心の底から「何が本当かなんてわかりはしない」と思っているからです。でも、ああいう人たちは決めつけたがる人が多いんですよね。

前野　たしかに、その傾向は感じますね。

甲野　さきほどもいいましたが、わたしは、自分の技だって正しいかどうかはわからない、と思っていますから、そういうことに熱中している人たちと根本的なところがまるで違うんです。

前野　ああ、なるほど。科学の立場と似ていますね。検証されたものは検証されたと考えるけれども、絶対的に正しいとは考えないという立場。

未来を拓くのは科学か、それとも

前野　今日ご紹介していただいた不思議な技や技術の謎は、やがては解明されるのでしょうか。

甲野　どうなんでしょう。現在の科学の概念が大きく変われば、あるいは可能かもしれません。しかし、現在のままの科学の体系では難しい。ヒモトレ実験する際の状況、雰囲気などに左右されず誰がおこなっても再現しやすいのはヒモトレですが、ヒモの材質や太さはかなり適当でも効果があるというアバウトさがありながら、平ヒモだとダメだったりという理由がよくわからない厳密さが同居していますから、これを科学的に解明するのは、相当やりにくい気がします。

前野 どういうことなんでしょうね。

甲野 丸ヒモなら、一重でも二重に巻いても問題ない。でも平ヒモはダメ。なぜそうなのか？ これはさきほどもいいましたが、我々ヒモトレを研究している者でも、その理由はわかりません（笑）。

前野 流体力学のように、理論や原理はひとまずおいて、「こういう条件ではこういう現象が起こる」というデータを蓄積していくということはできそうです。

甲野 まあ、まずはそれしかやりようがないと思います。

前野 実証データが積み上がって、詳しい条件がわかればヒントが見つかる可能性もあります。たとえば「電磁波の近くでは現象が起きない」となれば「これはアンテナの一種ではないか」なんていう仮説も立てられる。そういうカタチで、怪しげだと思われていた技術や理論が受け入れられることになればおもしろい。

甲野 電磁波の人体への影響もさまざまな研究がおこなわれているようですね。電磁波を遮断した部屋だとよく眠れるという話を、ある大手家電メーカーの方から耳にしたことがありますから、やはり電磁波は人体に少なからず影響を及ぼしているのかもしれません。そういえば、籾殻を蒸し焼きにして炭化させた壁材も電磁波の遮断効果があるそうですね。

ある酒蔵でもつかっているそうです。

前野　美味しくなるんですか？

甲野　科学的にはもちろん未解明ですけど、そう聞きました。発酵に関わる微生物も生き物ですから、効果があると考えられているのだと思います。発酵には人間の精神状態が影響を与えるともいわれていて、わたしもそう考えているんです。培養されたものではなく、野生の酵母や菌は、とくにそうだとか。鳥取県八頭郡智頭町という山奥にあるパン屋さん……。

前野　「タルマーリー」[28]ですね。店主の渡邉格《いたる》さんとはわたしも親しくさせていただいています。

甲野　そうですか。わたしも何度か対談させていただいているんです。たとえば遠距離恋愛中だったあるスタッフが失恋をした。そうしたら、パン生地がまるで発酵しなくなってしまったそうです。

前野　ええ!?

甲野　心がカビてしまうと発酵にも影響するのでしょう。「この仕事辞めようか」なんて迷いがあるときも、発酵がうまくいかないよ

28―タルマーリー　自家製酵母と国産小麦だけで発酵させるパンづくりを目指して、２００８年に千葉県いすみ市で渡邉格と麻里子が夫婦共同経営で開業。パンづくりで積み上げた発酵技術を活かし、野生の菌だけで発酵させるクラフトビール製造を実現するため、２０１５年鳥取県智頭町へ移転。元保育園を改装し、パン、ビール、カフェの三本柱で事業を展開中。

うですね。逆にまったくの素人でも「パンをこねて焼くことが楽しくてたまらない」という気持ちでやると、プロも及ばないほど美味しいものができるそうです。

前野　ああ。科学的な検証はまったくできませんが、たしかにここのパンはものすごく美味しいんですよね。

甲野　タルマーリーでは、工場で培養されたイースト菌ではなく、野生のものをつかっているからとくに敏感だと思うんです。

前野　ええ。あのお店は空気中に漂う野生の菌でパンを発酵させているんでしたね。

甲野　発酵、とくに野生の菌や酵母は人を選ぶようですよ。ダメな人は全然ダメ、相性のいい人は、かなりいい加減にしていてもよく発酵するようです。

前野　タルマーリーの発酵室を見せてもらいましたが、無菌室でもなんでもないごく普通の部屋なんですよね。それでもちゃんとできている。しかも美味しい。

甲野　日本酒の酵母もそうですね。普通は厳重に管理していますが、

29―**寺田本家**（てらだほんけ）延宝年間の創業から340年以上になる酒造会社。現在の寺田優社長は第24代目にあたる。先代のころから自然酒づくりを開始し、現在では原料は全量無農薬米を使用、添加物ゼロ、すべて蔵付きの菌で発酵し、極力機械はつかわない。

30―**炭素循環農法**　無肥料無農薬でおこなう農法のひとつ。作物に肥料は与えないが、菌類との共生関係を保つため、菌類のエサとなる竹のチップや廃菌床など炭素の比率が窒素よりも高いものを畑に入れることで、虫がつきにくい作物を比較的大規模につくることを可能にした。

31―**木村秋則**（きむら あきのり／1949年〜）株式会社木村興農社代表取締役。不可能といわれていたリンゴの無農薬無肥料栽培に成功。NHKテレビ『プロフェッショナル 仕事の流儀』や映画『奇跡のリンゴ』等で広く世に知られる。

千葉にある寺田本家[29]のように「人間と菌のやることだから、味が変わるのは当たり前」と鷹揚にしているところもある。

前野　ははは。それで美味しいんですから、説得力があります。

甲野　まあ当然ですが、しょっちゅう味は変わるみたいですけれどね。わたしは、無農薬の農業にも多少関わっているんです。肥料、農薬は一切つかわず、竹のチップなどをまく「炭素循環農法[30]」という方法です。竹につく菌類を介して、作物の根に栄養がいくようにする。その結果、過栄養にならないといいます。今の農業は、野菜が窒素過多になりやすい。夏場、冷蔵庫に入れた野菜がベトベトに腐ってしまうのは窒素のせいなんです。

前野　無農薬で「奇跡のリンゴ」をつくった木村秋則[31]さんもそういったお話をされています。わたしも以前、大学院生といっしょに、木村さんに学んで自然栽培の研究をしたことがあります。甲野先生とわたしは歩んできた道が違うようで、じつは興味は近いですね。

甲野　木村さんもおもしろい方ですね。わたしも青森でトークをさせてもらったことがあります。たいへん迫力のある人物でとても印象に残っています。

無農薬農法全般を見ていると、素人がやってもけっこう上手くいくんです。というか、素人のほうが上手くいっている感じがあります。玄人は肥料をやったり、手をかけたくなっちゃうんですね。「何もしなくていい」といわれても、知識があるので、ついつい余計なことをしてしまう。

前野　ああ、たしかに。うちの大学院の社会人学生として木村さんに学んでいた者は、本山憲誠[32]というんです。木村さんの手法で自然栽培の農業を始めて、けっこううまくいっているのですが、彼も完全に初心者でした。彼自身も、「もしも農薬をつかう農業を知っていたら、最初はものすごく苦労する自然栽培を続けることはできなかっただろう」といっていますね。

甲野　自然農もいろいろあるようですが、一般常識的な農業とはまったく違うので、余計な知識はないほうがいいのでしょう。

前野　パンの発酵と似ていますね。

甲野　ええ。無農薬で苦労をするのは、虫です。でも炭素循環農法は虫がほとんどこない。不思議なんですけど、発酵と腐敗の違いで、虫は腐敗臭に寄ってくるという話です。

前野　たしかに木村さんの自然栽培も上手くいくと、皆無ではありませんが、虫はそれほど来なくなるようです。

甲野　土壌の微生物と上手く連携できると、そうなるようですね。

32―**本山憲誠**（もとやま けんせい／1967年～）株式会社ひより農園代表取締役。無農薬固定種野菜を埼玉県飯能市内で栽培。耕作放棄地を農地として再生し、身体と環境に優しい作物をつくり、農村地域を活性化する企業理念をもつ。直売店なども手掛ける。

33―**ティール組織**（Teal Organization）職務上の上下関係や細かな社内ルール、売上目標など、多くの組織で当然とされている構造や慣例、文化の多くを撤廃し、個々の従業員が自分らしさを最大限に発揮しながら、自ら意志決定をしていく次世代型組織モデル。

34―**ホラクラシー組織**（Holacracy Organization）階級や上司・部下の関係が一切存在しないフラットな組織体制。社員全員が対等な立場である非階層型の経営手法で、社員の主体性が向上、効率的な組織運営が可能などの特徴がある。

前野　ううむ。可能性を感じる技術には、まだまだ不思議な部分が多いですね。やはり科学的な検証と、無意識の領域へのアプローチ、わたしたちはそのどちらも続けなくちゃいけないのかもしれません。

自然な発酵と、自然農の話をしてきましたが、最近流行《はや》りのティール[33]組織、ホラクラシー[34]組織とも似ていますね。これらは自然に学ぶ組織経営で、日本のティール組織・ホラクラシー組織の代表格といわれているダイヤモンドメディア[35]の武井浩三社長は、自然《じねん》経営研究会という会もやっていて、まさに木村秋則さんや渡邉格さんのやり方に学んだ経営をされています。「株式会社森へ[36]」の山田博さんも経営上の課題が生じたら「森だったらどうするだろう？」と考えるそうです。

甲野　そういった現在ではユニークに思われている方々の志向が、もっと広がって常識化するといいですね。

前野　農業も、パンづくりも、経営も、現代社会では、管理し、雑なものを廃し、効率化と合理化を目指しがちです。これは大脳皮質

35―**ダイヤモンドメディア**　不動産オーナー・仲介業者・管理会社向けＩＴシステムの開発などを提供する企業。「働く時間、場所、休みは自分で決める」「起業、副業を推奨」「社長・役員は選挙で決める」などユニークな社風で、２０１７年第３回ホワイト企業大賞を受賞した。

36―**株式会社森へ**　２０１１年に設立された、山田博が代表取締役を務める森のなかでの対話プログラム「森のリトリート」を運営する会社。２０１８年第４回ホワイト企業大賞を受賞した。企業や組織で働くリーダーを対象とした「森のリトリート　ビジネス編」と一般向けの「ライフ編」がある。

型のやり方といえます。一方で、木村さんのリンゴづくり、渡邉さんのパンづくり、武井さんや山田さんの経営は、自然の摂理に身をまかせる、無意識型のやり方、古い脳をつかったやり方です。後者のほうが、幸せなやり方ではないか、とわたしは考えているんです。

人生に納得できれば幸福になれる

甲野　どうもこうしてお話をうかがっていると、前野先生が研究されている幸福学は、「人間にとって幸福とは何か」を問うことだと思うのですが、それはわたしのテーマにもつながる本質的な問いかけですね。

前野　ええ。その成果の多くが甲野先生のおっしゃっていることと共通していると、気づかせていただきました。たとえばカネ、モノ、地位で得られる幸せは長続きしない。それなのに、人はそればかりを求めてしまう。

甲野　現在はどうしてもその方向に行きがちですね。ただその一方で、そういったものとは一味違う感じで生きている人への関心も高まっている気がしています。たとえば先日亡くなった女優の樹木希林さん。彼女の言動に対しての関心の高さは、ちょっとこれまでになかったレベルのように感じました。わたしも一度、養老先生が東京大学を退官されるときの記念パーティーでご挨拶したことがあるのですが、独特の雰囲気を醸し出されていましたね。

何度か話に出ましたが、数学を専門としている独立研究者の森田真生さんの『数学の贈り物』（ミシマ社）や、その前に出版されて小林秀雄賞を受賞した『数学する身体』の文庫版（新潮文庫）が注目されたのもそうした変化の一例に思えています。受験世代の母親が「うちの子が数学好きになってくれれば」という願いもあって買ったという側面もありそうですけど（笑）。でもまあそれにしても、少し前までなら、若手研究者の数学に関するエッセイがここまで注目されることはなかったと思います。

前野　頼もしいですね。

甲野　昔から、時代が難しくなると、必ず人は出てくる。そういうものなのかもしれません。ただ、現代は明治維新のときのように単純な時代ではありません。明治のころも産業振興して便利になったら、それに付随して問題が発生してきましたが、銅山の鉱害問題といった、今から見ればまだまだ単純な公害くらいしかありませんでした。しかし、現代は何がいいのか、どうすべきなのかが非常に入り組んでいて、わかりにくい複雑な時代です。そういう時代のなかでどうするか。簡単ではないと思います。

前野　同感です。でも、たしかにおっしゃるように、お金儲けや肩書きは関係なく、環境問題や社会問題を解決したい。より良い社会をつくるために生きていきたい――ごく自然にそう考えて、行動する純粋な学生も出てきていますね。

甲野　若い世代はそうですよね。わたしにとっていちばん話が合うのは30代から40代の人たちです。次が20代で、その次は50代。わたしの年齢の近い世代になるほど、話が通じる人は少なくなります。

前野　わかります。わたしも友だちはだいたい年下です。でもだからこそ、上の世代をなんとかしなくちゃという思いもあります。

甲野　上になるほど難しいですね。自分としては、10代の多くはさすがに子どもと接する感覚が残りますが、20代の人とは数年違いの先輩後輩くらいのつもりで話しています。本気で話せるのは、30代、40代。切れ味もいい。

前野　たしかに。その世代が世界を変える感じはありますね。

甲野　そう思います。そして、彼らの世代は千差万別でひとくくりにもできない。「時代を象徴する流行歌」というものが近年なくなってしまったのと同じように、それぞれにバラバラでいろんなタイプがいますから。

前野　たしかに。

甲野　前野先生とお話しさせていただいて、あらためてわたしが日頃思っているのはこのことだったな、と確認できたのは「人が人であるとは何か」ということです。そして人は何をしたいかといえば、わたしは、やはり「納得したい」のだと思うんです。

前野　ほお。

甲野　金儲けをするにしても、マザー・テレサのような無私な人を目指すにしても、どちらにしても、自分の生き方に納得したいのは同じでしょう。善人悪人全部ひっくるめて、どんな人であっても、どう納得したいかではないでしょうか。

前野　なるほど。わたしは幸福学を研究するうえで「人は幸せになりたい」のだと思っています。たしかに、人は、自分の人生に納得することで幸せになれそうですね。納得できないのは、間違いなく不幸せです。幸せと相関の高い要素に、自己肯定感があります。自己肯定感の高い人は幸福度が高く、自己肯定感の低い人は幸福度が低い傾向がある。自己肯定感とは、自分について納得していることですね。長所も欠点もあるけど、これでいい、と思える状態。自己肯定感の低い人は、自分の長所が見つからない、自分の個性が見つからない、自分の特徴に自信がもてない。これらは納得していないといえます。自分に納得できると、社会にも納得できます。

甲野　そのとおりですね。

前野　わたしの分析の結果、幸せな心の状態とは、「やってみよう」「ありがとう」「なんとかなる」「ありのままに（あなたらしく）」（＝幸せの4つの因子）が満たされた状態なのですが、後ろの2つが「納得」に近いですね。どんなことがあってもなんとかなる。どんなときにもありのままに。

甲野　ロクにお金がなくても、自分の生き方を貫いていければ納得できる。それが幸せかどうかといえば、少なくとも不幸ではないですから、それを幸せというなら、幸せかもしれません。

前野　そうですね。しかしそうした思索が、最終的に「自由であり、不自由でもある」という非常に納得しづらい矛盾の問題に行き着くのは興味深いです。その矛盾を乗り越えるのですか？

甲野　それを乗り越えるというより、どう飲み込むかなんです。矛盾した状態を、無理にではなくそのまま飲み込む。

前野　飲み込むのですか。

甲野　はい。無理して飲み込むのではなく、納得して飲み込む。さきほど南泉和尚と弟子の趙州との問答をご紹介しました。南泉和尚が「道について本当に理解するということは、道を求めようとするわけでもなく、求めなくてもいいとするわけでもなく、広々晴ればれとした境地になって、道を求めようとする気持ちそのものがなくなることだ」と説いたことで、趙州が悟ったわけですが、このことはわたしがずっと追求してきた「人間の運命は完璧に決まっていて、同時に完璧に自由である」というテーマに置き換えていえば、「人間の運命が決まっていようが、決まってなかろうが、別にどっちでもいい。自分としては、ただやるだけ」ということになるのではないかと思うのです。
ですから、わたしとしては、その「ただやるだけ」ということを本当に納得して飲み込めるように、これからも稽古を続けていきたいと思います。

前野　なるほど。納得しました。納得して、飲み込むのですね。

第5章のリマインダー

❖人は「生きること、その営みそのもの」が喜びになり得る。
❖人間はそれぞれの方法で自分の人生に納得するために生きるのが最大の満足。
❖人間の潜在能力について形式知化できていないことはＡＩに組み込めない。
❖人間の感情や心は、視覚よりも聴覚や嗅覚に直《じか》に関わっている。
❖現代と昔を比べて根本的に違うのは「覚悟」の決まり方。
❖起きることはすべて弥陀の本願にお任せしてあるシナリオとして受け入れる。
❖太古の知恵が蓄積された巨大な無意識の部分に聞けば、答えは必ず見つかる。
❖カネ、モノ、地位で得られる幸せは長続きしないが、人はそれを求めたがる。
❖「自由であり不自由である」矛盾を飲み込み納得すれば自分の生き方を貫ける。

おわりに

わたしは今年の2月初めに満70歳になった。50代から60代になるときは、たいへんな抵抗があったが、60代から70代に入るときにはまったく抵抗はなかった。むしろ早く70代に入りたいとさえ思ったほどである。

その理由は70代になって「今まででいちばん技が利きます」といえることが、武術が「術」としての説得力をもっと考えていたからだ。そして実際に、その70歳を迎えるころから、今までにない新しい技と術理が展開し始めてきた。

それは本書の本文中でも触れている「響きを通す」だが、今、本文の校正を終え、この「おわりに」を書いている段階で、対談のなかで語っていた「津波」の原理から、かなり変容してきている。この様子では、この本が読者の方々に届くころには、またさらに内容が変わっていると思う。

このように、絶えず中身が変わり続けているわたしの武術を「古武術」と呼べるかどうかは疑問であるし、わたし自身、自らが研究している武術について「古武術」と称したことは1回もなく、わたしの肩書は「武術研究者」である。

ただ、わたしのおこなっていることは現代武道か古武術かと尋ねられ、どうしてもどちらかに分類しなければならないとしたら、現代武道ではないので古武術のほうに分類されるだろうと思ってはいるが、古武術というのは、本来何かの流儀を受け継いで、その流儀を稽古し、また後継者へと伝えていく場合に用いる用語であり、それを考えるとわたしのおこなっていることを古武術とはいいにくい。


とはいえ、何をおこなっているかといえば、古《いにしえ》の武術を研究し、技を探求している者なので、古武術の研究者、つまり古武術家といえなくもない。もっとも、どう考えても古の名人の工夫に届くとは思えないが、それでもその古人の跡を慕って研究を続けているから、古の武術の研究者ということもできる。

その研究の軌跡は、わたしが月に2回「夜間飛行」から出しているメールマガジンのなかの「稽古録」で動画を入れて紹介しているので、御関心のある方はそちらを読んでいただきたいと思う。そして、読んでいただけたらわかると思うが、そこで展開されている内容は試行錯誤の連続であり、とても誰かが受け継ぐというような性質のものではない。

したがって、わたしの身近で稽古をおこない、わたしの考えを理解して、技の研究に情熱を傾けている者ほど、それぞれの技の研究に勤しんでおり、わたしの後継者になりたいなどと思う者は1人もいない。

すでにわたしのところで学んだことをきっかけに、独自の技と術理を育てた人たちが、それぞれ、イキイキとして、縁ある人たちに自分が気づいた武術や身体のつかい方を伝えているが、これからも、そういう人たちが増えていくことを望んでいる。

今回久しぶりにわたしの武術の技と術理、そして日頃わたしが思っていることを予想していた以上に多く語らせていただいたが、これはひとえに対談相手となってくださった前野隆司慶應義塾大学大学院教授の御人徳によるものと深く感謝している。

まず何よりも対談では、前野先生がわたしの話に耳を傾けてくださったので、たいへん話しやすく、気づけばずいぶんと広範囲なことまで喋っていた。わたしが今まで出した本で、恐らくここまでさまざまなことについて語った本はなかったのではないかと思う。

前野隆司先生に初めてお会いしたのは昨年（２０１８年）の2月6日、わたしがちょうど69歳となった日で、当日ＳＤＭヒューマンラボ主催の「道の学校」が慶應義塾大学の日吉キャンパスで開かれ、このゲスト講師としてわたしが招かれてうかがったときである。

この「道の学校」は、元曹洞宗国際禅センターの藤田一照所長からの御紹介でうかがったのだが、この時期、わたしは今までで一度も経験したことがないほど長期間風邪をひいていて、2週間くらい前からは、嗅覚がまったく利かず、何を食べても味がほとんどわからない状態だった。

ただ、「道の学校」で慶應義塾大学にうかがった際は、その症状も治まりだしていたころで、かなり落ち着いて話ができた記憶がある。その後、昨年の夏ごろにも一度大学の方から招いていただいて、話と実演をおこなった。したがって、今回前野先生にお会いするのは3回目ということになるが、それで、このような本となるのだから、恐らく前野先生とは浅からぬ御縁があるのだと思う。

今回こうしてワニ・プラスから前野先生との共著が刊行されることになるには、じつに多くの方々との御縁がつながっていることを実感する。その御縁を結んでいただいた方々の御名前をすべて挙げて御礼を申し上げることはとてもできないが、それでもどうしても御礼を申し上げないわけにはいかない方として、まず前野先生と直接縁を結んでいただいた藤田一照・元曹洞宗国際禅センター所長には深く御礼を申し上げたい。

さらに本書の帯文を引き受けていただいた独立研究者の森田真生氏に御礼を申し上げると同時に、今から20年近く前、森田氏が中学生だったときに出会った縁が、歳月を経てこうして彼の手による帯文が巻かれたわたしの本が書店に並ぶという巡り合わせの不思議さに、何とも感無量である。

また、今回この対談に、わたしの技の実演の相手として参加、最近は、技の上達が著しい井上欣也氏と、長時間にわたった対談をまとめてくださったライターの古田靖氏、そして編集を担当してくださった宮﨑洋一氏にも感謝の意を表したい。

2019年7月

甲野善紀

甲野善紀（こうの・よしのり）

1949年東京都生まれ。武術研究者。20代の初めに「人間にとっての自然とは何か」を探求するため武の道に入り、1978年に「松聲館道場」を設立。以来、剣術、抜刀術、杖術、薙刀術、体術などを独自に研究する。2000年ごろから、その技と術理がスポーツに応用されて成果を挙げ、その後、楽器演奏や介護、ロボット工学などの分野からも関心を持たれるようになる。2006年以降、フランスやアメリカから日本武術の紹介のため招かれて講習をおこなう。2007年から3年間、神戸女学院大学の客員教授も務めた。2009年から森田真生氏と「この日の学校」開講。テレビは「徹子の部屋」、「課外授業」、「スイッチインタビュー」等に出演。

著書に『剣の精神誌』（ちくま学芸文庫）、『できない理由は、その頑張りと努力にあった』（PHP研究所）、『自分の頭と身体で考える』（養老孟司との共著／PHP文庫）、『ヒモトレ革命』（小関勲との共著／日貿出版社）、など多数。

月2回、夜間飛行からメールマガジン『風の先・風の跡』を発行。

http://yakan-hiko.com/kono.html

前野隆司（まえの・たかし）

慶應義塾大学大学院システムデザイン・マネジメント研究科教授。

1962年山口県生まれ。東京工業大学理工学研究科機械工学専攻修士課程修了後、キヤノン株式会社でカメラやロボットの研究職に従事したのち、慶應義塾大学教授に転ずる。ロボット工学に関連して、人工知能の問題を追いかける途上で、人間の意識に関する仮説「受動意識仮説」を見いだす。現在はヒューマンインターフェイス、ロボット、教育、地域社会、ビジネス、幸福な人生、平和な世界のデザインまで、さまざまなシステムデザイン・マネジメント研究をおこなっている。

著書に『無意識の整え方—身体も心も運命もなぜかうまく動きだす30の習慣』（ワニ・プラス）、『脳はなぜ「心」を作ったのか—「私」の謎を解く受動意識仮説』（筑摩書房）、『幸せのメカニズム　実践・幸福学入門』（講談社現代新書）、『「幸福学」が明らかにした幸せな人生を送る子どもの育て方』（ディスカバー・トゥエンティーワン）、『ニコイチ幸福学』（前野マドカとの共著／CCCメディアハウス）、『幸せな職場の経営学』（小学館）などがある。

古《いにしえ》の武術に学ぶ　無意識のちから

広大な潜在能力の世界にアクセスする"フロー"への入り口

2019年8月10日　初版発行
2022年5月5日　3刷発行

著　者　　甲野善紀 × 前野隆司

発行者　　佐藤俊彦
発行所　　株式会社ワニ・プラス
〒150-8482
東京都渋谷区恵比寿4-4-9　えびす大黒ビル7F
電話　03-5449-2171（編集）
発売元　　株式会社ワニブックス
〒150-8482
東京都渋谷区恵比寿4-4-9　えびす大黒ビル
電話　03-5449-2711（代表）

ブックデザイン　寄藤文平
編集協力　古田 靖
撮影　門馬央典
印刷・製本所　中央精版印刷株式会社

ISBN 978-4-8470-9825-3　ワニブックスHP　https://www.wani.co.jp